人間関係形成能力を育てる

学級経営

365日ガイドブック 2年

赤坂真二 著
岡田順子

明治図書

シリーズ発刊に寄せて

　これは学級づくりのマニュアル本でも教室の人間関係づくりのハウトゥ本
でもありません。子どもの人間関係形成能力を育成するためのガイドブック
です。

　今なぜ人間関係形成能力なのでしょうか。人間関係形成能力は，人とのつ
ながりや信頼関係を構築する能力のことといわれます。コロナ禍で一般社会
では，テレワークが導入される中で，これまで以上に人と人のコミュニケー
ション不足や，コミュニケーションの取り方について考えさせられた人たち
が多くいたことでしょう。それは学校現場でも同じだったのではないでしょ
うか。

　人間関係形成能力は，学習指導要領が改訂されて，対話，協働と盛んにい
われるようになって注目の度合いが増しました。多様な他者の考えや立場を
理解し，相手の意見を聴いて自分の考えを正確に伝えることができるととも
に，自分の置かれている状況を受け止め，役割を果たしつつ他者と協力・協
働して社会に参画し，今後の社会を積極的に形成することができる，こうし
た能力が社会で求められるようになってきているからです。

　優秀なビジネスパーソンの共通点として，対人関係能力，人間関係構築力
が優れていることも挙げられます。良好な人間関係を築くことでビジネスも
うまくいきます。現代はチーム力の時代といわれます。人間関係が良好であ
ればコミュニケーションが活発となり，情報も多く共有できるでしょう。ビ
ジネスパーソンと表現すると，大手企業のエリート社員のことだと誤解され
るかもしれませんが，広く会社員，個人事業主，フリーランスの方々を含み
ます。ビジネスに関わる方々が口を揃えて言うことは，「仕事はご縁でやっ
てくる」ということです。

クライアントや顧客との信頼関係を築くためにも，人間関係形成能力が活かされます。彼らの状況を良く理解して話を聞くことができれば，相手のニーズに合わせることができるでしょう。困った時などにもきちんと対応することができ，信頼性が高まります。信頼関係を築くことで，彼らと深く継続的につながることができ，多くのクライアントや顧客を得ることができるようにもなるでしょう。

　もちろん，子どもたち全てがビジネスパーソンになるわけではありませんが，豊かな人間関係が幸せをもたらすことに対して疑念を抱く人はそう多くはないのではないでしょうか。豊かな人間関係を築く力は，生きる力であり，私たちが幸せになるための必須条件と言えるでしょう。愛する子どもたちの幸せになる力の育成に寄与できるだけでなく，本シリーズにはもう一つ大きなメリットがあります。

　人間関係形成能力は，単なるつながるスキルを身に付ければいいというものではありません。愛を伝えるスキルを学んでも，そこに愛がなかったら愛は伝わりません。同様に，スキルをホンモノにするためには，根底の考え方が伴っていることが必要です。本シリーズには，なぜそれをすると人間関係形成能力が身に付くのかという基本的な考え方も示されています。それを知ることで，指導する教師自身も幸せな生き方を学ぶことができます。

　だから，「私，ちょっと人間関係苦手かも」と感じている方こそ，手にとって実践することで，子どもたちと共につながり上手になっていくことができるでしょう。だからこその365日なのです。人間関係形成能力は１日にしてならず，なのです。本シリーズを小脇に抱えて，試行錯誤を繰り返してみてください。きっと，本シリーズは心強い学級経営の伴走者になってくれるはずです。

　クラスの安定は，子どもたちのつながりの質と量によって決まります。他者とつながる力を付けた子どもが増えれば増えるほど，学級は安定するので

す。しかし、クラスには、様々な事情で人とつながるのが苦手な子がいます。いいのです。みんなみんな同じ能力をもつ必要はありません。また、教師がしゃかりきになって、その子と他の子をつなげようとしなくてもかまいません。つながる力をもつ子が多くなれば、誰かがつながってくれます。教師はその様子を見付けて、にっこり微笑んで喜ぶことで、子どもたちはつながることの価値を学ぶことでしょう。

　そうした意味で、本シリーズはこれまでの、教師が子どもをつなげてまとめようとするクラスづくりから、子どもたちのつながる力を育てることによって学びやすく居心地のいいクラスづくりへと発想の転換を促す「挑戦の書」でもあります。

　本シリーズは3章構成になっています。第1章は、日本人の幸福感とつながりの関係を国際調査の結果等を踏まえながら、人間関係形成能力の育成の必要性を考察します。驚くようなというか日本人として心配になるような結果が示されています。第2章は、各学年を担当する執筆者たちの人間関係形成能力をどう捉え、どのように育成していくのかという基本的な考え方が示されています。第3章は、その考え方に基づく1年間にわたる実践です。すぐに実践編を読みたくなると思います。とても力強い実践群です。しかし、それを本質的に理解するためには、第2章を必ずお読みいただければと思います。

　各学年を担当するのは、1年生、北森恵氏、2年生、岡田順子氏、3年生、松下崇氏、4年生、深井正道氏、5年生、宇野弘恵氏、6年生、髙橋朋彦氏です。勉強なさっている方なら、彼らのお名前をどこかでお聞きになったことがあるのではないでしょうか。お気付きになっている方もいるかもしれませんが、2022年3月に発刊した『個別最適な学び×協働的な学びを実現する学級経営』の執筆メンバーです。この書籍は、私がメンバーにインタビューし、それをまとめたものですが、頁数の関係でかなりの内容を泣く泣くカッ

トしました。そこでぜひ，この素晴らしい実践を，時系列で年間を通じた形でお伝えしたいと思い本シリーズが実現しました。

　北森恵氏は，これまで多くの崩壊したクラスを立て直してきました。現在の勤務校では，UDL（Universal Design for Learning）を実践し，校内を巻きこんで個別最適な学びと協働的な学びの実現に尽力中です。

　岡田順子氏は，大学院で協同学習における対人技能学習の効果を研究しました。前任校の新潟大学附属長岡小学校勤務時には，いくつもの学級経営の講座を担当し，学級経営に関する情報発信をしてきました。

　松下崇氏は，若い頃から教育サークルを立ち上げ，仲間と共に力量を高めることに邁進してきました。なかなか共有の難しい自治的集団の育成ですが，長年の探究に基づく発信で注目されています。

　深井正道氏は，30代前半で都心部の学校の研究主任に抜擢され，学級活動と教科指導を連動させた独自の研究を進めてきました。保護者，地域を巻きこみ子どもの自尊感情を高めた研究は高く評価されました。

　宇野弘恵氏は，数多くの書を発刊しているので多くの方がお名前をご存知でしょう。ご自身では感覚的と言いますが，その実に緻密で周到な学級経営，授業づくりは，著書の読者や講座の参加者を唸らせています。

　髙橋朋彦氏も，明治図書の『ちょこっと』シリーズや算数の指導に関する書籍でよく知られています。明快な文章で繰り出される本質を突いた提言は，これまで積み重ねてきた圧倒的な勉強量を感じさせます。

　原稿執筆段階では，SNSで執筆者グループを作り，原稿がアップされる度に拝読していました。どれもこれも濃密かつ秀逸で，一刻も早く皆さんにお届けしたいと思うものばかりでした。是非，本シリーズを活用され，子どもたちの人間関係形成能力の育成に役立てていただきたいと思っております。

2024年3月　赤坂真二

まえがき

　先日，ある学校のPTA講演会でお話する機会をいただきました。PTA会長さんが私の著書を読み，「子どもたちへのかかわり方について話をしてほしい」と依頼してくださったのです。

　できる限り保護者の要望に応える話をしたいと思い，私は保護者の皆さんに，子どもに望むことをたずねました。すると，健康，優しさ，心の強さ，得意なことがある，友達が多い，安定した就職，など多くの意見が出されました。ではなぜ，それを願うのか。面白いことに，「なぜ健康が必要か→その方が幸せだから。」のように，突き詰めて考えていくと，すべての願いは

> ## 子どもに幸せになってほしい

という願いに行き着くのです。

　そこで，「幸せになる力」について各種の書籍や研究でどのように書かれているか調べました。すると，出てくるキーワードのおよそ半分は「自己決定力」「行動力」のような個人にかかわる能力，あと半分は「社会性」「コミュニケーション能力」「共感力」などの他者との関係性をつくる能力が占めたのです。

> ## 幸せになるために，人とかかわる力は重要

これは，確かと言えそうです。

　人とかかわれば，楽しさもある一方で悩みも生まれます。違う考えの多くの仲間と活動する学校ではトラブルも起きます。そんな子どもをどう励まし，支えていくか。幸せに「つながる力」をどう後押ししていくか。保護者と一緒に考える時間は，とても有意義なものでした。

授業参観の後に行われた PTA 講演会が終わると，会場に残ってくださった保護者の一人が，ボロボロと泣きながら質問をくれました。

> 「実は今日，授業参観を見て，私心が折れたんです。息子は活動にうまく参加できなくて，泣いて途中から参加しなくなって…。帰って息子に会ったら，今までの私なら『ちゃんとしろ』って注意していました。でもこれって講演会で出てきた『勇気くじき』だったんですね。帰ったら息子に何て声を掛けたらいいでしょうか。」

私はこう答えました。

> 「『久しぶりに学校の様子が見られて，嬉しかったよ』って言ってあげてください。もし，『ぼくはうまくできなくて嫌だった』とか，『見られたくなかった』とか，息子さんが反論しても，それでも『新しい先生も見られたし，どんな教室にいるのか見られたし，行ってよかったよ。ほら，ごはん食べよう！』って笑ってあげてください。」

　3年間にも及ぶ全国ソーシャルディスタンス期間があったのです。その長い期間，対面の話し合い活動が制限され，肌に触れ合う体育もできず，給食は黙食，その他多くの人とのかかわりをできずにきたのです。

　大人にとっては「制限」でも子どもにとっては「未経験」です。かかわり方を知らないまま成長してきたのです。うまく活動できなくて当然でしょう。

　だからこそ，「つながる力」を育むことは，学校の責務ではないでしょうか。人とのかかわり方は，仲間とかかわる経験の中でしか学べないからです。そこで本書では，できるだけ具体的に，「つながる力」を引き出す実践を紹介します。それが一つでも多くの教室で子どもたちがつながるきっかけとなり，先生方と子どもたちの笑顔につながることを願っています。

岡田順子

目　次

第1章　なぜ，いま「つながる力」か

第2章　2年生になったら

第3章　人間関係形成能力を育てる学級経営365日　2年

★ 1　春休み　つながる環境づくり

第1章

なぜ,
いま「つながる力」か

1 世界の中の日本人の幸福度

　国連機関である「持続可能な開発ソリューション・ネットワーク」（SDSN）は「World Happiness Report（世界幸福度報告書）」の2023年版を発表しました[1]。2012年から（2014年を除く）各国の約1000人に「最近の自分の生活にどれくらい満足しているか」を尋ね，0（完全に不満）から10（完全に満足）の11段階で答えてもらう方式で，国ごとの幸福度を測定しています。なお，この主観的判断には，以下の6つの項目が加味され，判断されます。

・1人当たり国内総生産（GDP）

・社会的支援の充実

・健康寿命

・人生の選択における自由度

・他者への寛容さ

・国への信頼度

　各年発表の数値は，過去3年間の数値の平均です。つまり，2023年のものは，2020～2022年の3年間で，新型コロナウイルス感染症の影響が出た全期間の初めての調査結果となります。

　これによると，日本のスコアは6.129，順位は137カ国中47位。スコア，順位とも前年（6.039，146カ国中54位）からは改善しました。ただ，G7，主要7カ国では最下位という結果でした。一方，日本で学力調査等でしばしば比較対象とされるフィンランドは，今回の幸福度のスコアは7.804で，順位は6年間連続の1位でした。上位は欧州の国々が目立ち，北欧5カ国が7位までに入りました。

　この調査によると，日本のランキングは，60位から40位の間を推移してきました（2014年を除く）（図1）。失われた30年とも40年とも言われ，目に見える経済成長がなされない日本ですが，それでもGDPは高く，社会保障制

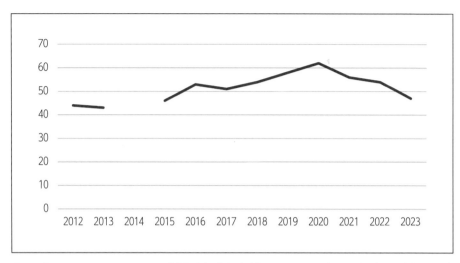

図1　「World Happiness Report（世界幸福度報告書）」における日本の順位の推移（筆者作成）

度も比較的充実しています。近年治安の悪化が指摘されてはいますが，まだまだ治安は良く，暮らしやすい環境が整っているといえます。「World Happiness Report（世界幸福度報告書）2022」では「1人当たり国内総生産（GDP）」「社会保障制度などの社会的支援の充実」「健康寿命」「人生の選択における自由度」の数値だけを見ると，日本は，ランキング上位国とさほど大きな差がありません。それにもかかわらず順位が上位にならない理由としては，「他者への寛容さ」と「国への信頼度」が低い点にあることが指摘されています。同報告書の2023年版でも「1人当たり国内総生産（GDP）」や「健康寿命」の高さの一方で「人生の選択における自由度」や「他者への寛容さ」の低さが指摘されています。

　健康寿命が長く，経済水準も低くない水準で充実しているこの日本で，私たちが幸福感を抱きにくい要因があるとしたらどのようなものなのでしょうか。

2 私たちの幸福度

　リクルートワークス研究所（2020ａ）が，日本・アメリカ・フランス・デンマーク・中国で働く2500名を対象に，個人と企業における人間関係の有り様について調査した「5カ国リレーション調査」というものがあります[2]。ここでは，幸福感と社会的関係つまり，つながりについて様々な角度から調べ，国際的な比較を試みています。図2は，この調査における「現在，幸せである」との問いに対する回答です。

　日本と他国を比べてわかるのは，「非常にそう思う」「そう思う」の割合の低さです。他国が，幸せの実感に対して肯定的に答えている割合が8割近くあるのに対して，日本は，5割を切っています。私たちの国では，「幸福である」といえる人は，半分もいないということになります。

　また，図3は，「これからの人生やキャリアを前向きに切り開いていける」

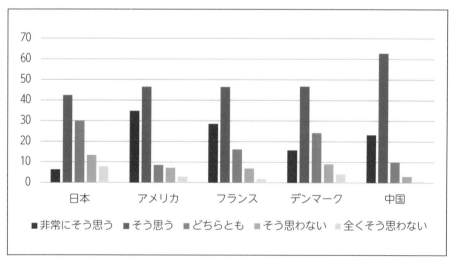

図2　「現在，幸せである」に回答した割合
（リクルートワークス研究所，2020ａをもとに筆者作成）

との問いに対する回答です。これも「非常にそう思う」「そう思う」の割合が3割程度で，他国の8割程度と比較して少ないことがわかります。今後，変化の速さも大きさも増大することが予想されているこれからの時代，ある日突然仕事を辞めるようなことになったり，転職することになったりすることが予想されます。自らの力で，キャリアを創っていく姿勢が求められる状況ですが，他国に比べて日本は，そうしたことに対する見通しや自信が，もてていない状況がうかがえます。

　さらに，図4は，「突然会社を辞めることになっても，希望の仕事につける」との問いに対する回答です。やはり，これも「非常にそう思う」「そう思う」の割合が2割程度で，他国の5割〜8割程が肯定的に回答しているのに比べて，その割合が少ないことがわかります。これには単なる私たちのマインドの問題だけでなく，社会的な仕組みや環境も影響していることでしょう。日本は，長く終身雇用制度を取り入れてきたことや，「一を以て之を貫く」のような価値観があって，勤め先を転々とすることはあまりよくないの

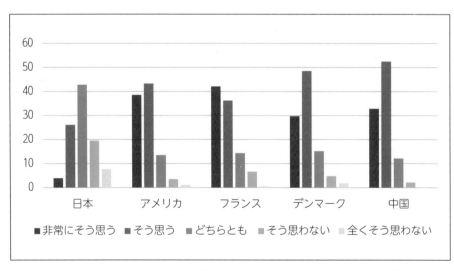

図3　「これからの人生やキャリアを前向きに切り開いていける」に対する割合
（リクルートワークス研究所，2020aをもとに筆者作成）

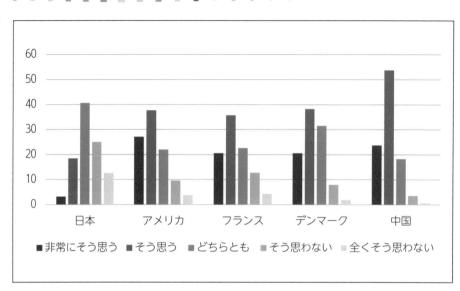

図4 「突然会社を辞めることになっても，希望の仕事につける」に対する割合
（リクルートワークス研究所，2020aをもとに筆者作成）

ではないか，という風潮も影響していると思いますが，変化が激しく流動的なこの時代を生きる人のマインドとしては心許なさを感じる人もいるでしょう。

　これらの結果から，日本人は，幸福であると自覚している人が2人に1人程度で，これからのキャリアを自分で切り開いていける自信や今勤めている会社を突然辞めることになっても自分の希望の仕事につくことができるという見通しをもっている人たちの割合が，他国に比べて少ないことが見えてきます。

　リクルートワークス研究所（2020b）が「5カ国リレーション調査」に基づき，提言をまとめた「マルチリレーション社会—多様なつながりを尊重し，関係性の質を重視する社会—」では，図5，図6のようなデータを示し，次のようなことを指摘しています。少し長いですが，重要な指摘だと思いますので，そのまま引用させていただきます（図5は，つながりの多さによる幸

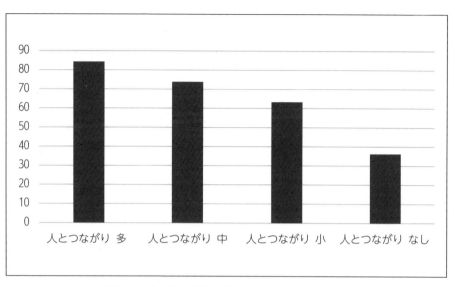

図5　つながりの度合い別の幸福を感じている割合
（リクルートワークス研究所，2020 b をもとに筆者作成）

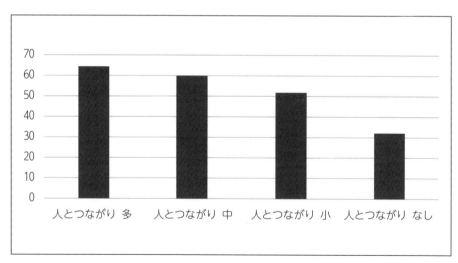

図6　つながりの多さ別の希望の仕事につける割合
（リクルートワークス研究所，2020 b をもとに筆者作成）

福を感じる割合の違い，図6は，つながりの多さによる仕事を辞めることになったときに，希望の仕事につけるという見通しや自信をもっている割合の違いを表しています）。「人が生きていく上で，『幸福感』や『希望の仕事につける』という感覚はとても大切です。わたしたちが行った国際調査からは，交流のある人間関係を持っていない『人とのつながりなし』の場合，幸福を感じる割合が36.3％に留まるのに対し，交流のある人間関係の種類が多く，さらにその人間関係を通じて活力や挑戦の後押しを得ている『人とのつながり 多』の場合は84.3％に高まることが分かりました。実に48％ポイントもの差が生まれています」[3]

　データを見ればわかるように，もっているつながりが多い方が，より幸福感を感じ，突然今の仕事を辞めることになっても，より希望する仕事につけるという実感をもつ割合が増すことがわかります。さらに注目したいことは，つながりの「多い」，「中」，「少ない」の各程度間で比較するとその差は10％程度なのに対して，「つながりなし」と答えている人たちは，もっとも数値の近い「つながり小」と答えている人たちと比較しても20％近く差があることです。つながりが「ある」と答えている人たちと「ない」と答えている人たちでは，随分世の中の見え方が異なり，また，生きづらさも違っているのではないかと思われます。

3　日本人のつながり方

　この提言書からは，日本人の独特のつながり方が見えてきます。「５カ国リレーション調査」では，「交流のある人間関係」を「つながり」としていますが，具体的には以下の14のつながりを指します。

・家族・パートナー
・親戚
・社会人になる前の友達

・一緒に学んだ仲間

・趣味やスポーツの仲間

・地域やボランティアの仲間

・勤務先の経営者

・勤務先の上司

・勤務先の同僚

・勤務先の部下

・社外の仕事関係者

・以前の仕事仲間

・労働組合

・政治家

　交流の様子が複数回答で示されていますが，どの国でも「家族・パートナー」（約70〜89％）「勤務先の同僚」（約65〜77％）は，選択される割合が高く，人間関係の２本柱となっています。特に日本は，「家族・パートナー」が88.6％と高く，家族が社会関係の基盤になっている国であることがわかります。また，職場の人間関係は，「勤務先の同僚」だけでなく「勤務先の上司」「勤務先の経営者」「社外の仕事関係者」「以前の仕事仲間」と幅広く想定されていて，「勤務先の同僚」や「勤務先の上司」の割合の高さは５カ国で大きな差がありませんが，「勤務先の経営者」「社外の仕事関係者」「以前の仕事仲間」になると，日本におけるそれらの割合の低さが目立っています。日本は，人材の流動性が低いためでしょうか，仕事の人間関係が社内に閉じてしまっているといえそうです（前掲）[4]。

4 「閉じた乏しい人間関係の」国，日本

　また，どの国でも高い傾向にあるものとして，「社会人になる前の友達」の割合が挙げられており，日本でも６割を超えています。友人の存在の大切

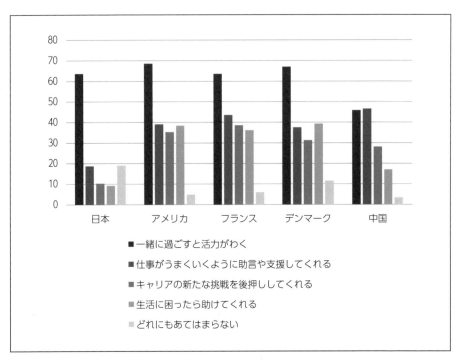

図7　社会人になる前の友達との付き合い方
（リクルートワークス研究所，2020ｂをもとに筆者作成）

さは言うまでもありませんが，「一緒に学んだ仲間」「趣味やスポーツの仲間」「地域やボランティアの仲間」など，家族や仕事を離れたつながりの割合は，日本は他国に比べてかなり低くなっており，社会に出た後，人間関係が広がっていないことがうかがえます。

　では，「社会人になる前の友達」とどのようなつながり方をしているのでしょうか。学校教育段階で子どもたちがどのようなつながりをしているのか，学校関係者としては気になるところではないでしょうか。同調査では，つながり方を「一緒に過ごすと活力がわく」「仕事がうまくいくように助言や支援してくれる」「キャリアの新たな挑戦を後押ししてくれる」「生活に困ったら助けてくれる」「どれにもあてはまらない」を視点に，それぞれの割合を

見ています（図7）。

　ここからわかることは，日本の社会人になる前の友達とのつながりは，アメリカ，フランス，デンマークと同様に共に過ごし活力を得るという性質のものであることです。しかし，一方，「仕事がうまくいくように助言や支援してくれる」「キャリアの新たな挑戦を後押ししてくれる」「生活に困ったら助けてくれる」といった生活支援的なかかわりが低くなっています。

　私たち日本人の社会人になる前の友達とのつながり方は，一緒に過ごして楽しい気分を味わったり，それによって活力を得たりしているようですが，仕事やこれからの人生にかかわることの相談をしたり，生活に関する援助を求めたりするような間柄ではないようです。

　こうした日本人の他者とのつながり方を見ると，社会人になる前の友達とは，一緒に楽しく過ごすことはしても，人に悩みを打ち明けたり，助けを求めたりしたりはしないようです。また，社会人になってからは，その付き合いは，家族と勤務先の同僚に狭まり，とりわけ，家族の比重が高いつながりの中で生活をしているといえます。これらの調査結果から，日本人のつながりは，家族中心で，それ以外の人たちには**「閉じた」乏しい人間関係の有様**が見えてきます。

　日本社会は，よく「失敗ができない社会」とか「やり直しが利かない社会」とか言われますが，一緒に楽しむ仲間はいるけど，キャリア支援や生活支援を相談したり要請したりできる仲間がいないという日本独特とも見られる人々のつながり方にその一因があるのかもしれません。また，日本人にとってつながりの中心にある家族や職場も安定しているものとはいえません。

　少子高齢化の中で，生涯未婚率も上昇しています。結婚していること，子どもがいること，つまり家族がいることが前提の社会が崩れようとしています。また，企業の平均寿命が，20年と少しと言われる今，これはどんどん短くなることでしょう。終身雇用はほぼ崩壊し，短いサイクルで職を変えなくてはならない世の中になっています。また，日本人がつながりにおいて，頼みの綱とする家族も同僚も今や，とても危ういものになっているわけです。

これらのデータからわかるように，人はつながりがある方が幸福感は高くなります。また，ポジティブな状態をひけらかすことを嫌う日本の風土をいくらか差し引いても，日本人の幸福感が他国と比べて低いのは，つながりが家族や同僚など一部に限られていることが影響していそうです。さらに，学業とともに社会や世間を学ぶ学生の頃に築いていた人間関係は，相談，助け合いなどのソーシャルサポートとは異なる，楽しむことを中心としたレジャー的でイベント的なつながりであることがわかります。社会人になってから，ハプニングやトラブルの当事者になると，誰にも相談できずに路頭に迷う人が多くなるのは，人からの助けを求める，人を助けるなどのソーシャルサポートにかかわる経験値が足りないからなのではないでしょうか。

5 人間関係形成能力と学習指導要領

　このように人にとってつながりとは，幸福感やキャリア形成に関わる，生きる力というよりも生きることに直結することがわかりますが，学習指導要領において，つながりをつくる力の育成について述べられたのはそんなに以前のことではありません。

　平成20年改訂の小・中学校学習指導要領の特別活動の目標において，「人間関係の形成」について記載されました。小学校では次のように書かれています。「望ましい集団活動を通して，心身の調和のとれた発達と個性の伸長を図り，集団の一員としてよりよい生活や人間関係を築こうとする自主的，実践的な態度を育てるとともに，自己の生き方についての考えを深め，自己を生かす能力を養う」。なぜ，人間関係の重視が叫ばれるようになったのでしょうか。当時の学習指導要領の指針となった答申には次のようなことが指摘されています[5]。

「・学校段階の接続の問題としては，小１プロブレム，中１ギャップなど集団への適応にかかわる問題が指摘されている。

・情報化，都市化，少子高齢化などの社会状況の変化を背景に，生活体験の不足や人間関係の希薄化，集団のために働く意欲や生活上の諸問題を話し合って解決する力の不足，規範意識の低下などが顕著になっており，好ましい人間関係を築けないことや，望ましい集団活動を通した社会性の育成が不十分な状況も見られる。」

　ここには，社会の変化の影響を受け，子どもの人間関係の希薄化や集団への貢献意識や，協働による問題解決能力の低下などの問題が指摘されています。これまで人間関係の形成を目標にしてこなかった学習指導要領が，それを目標に据えたのは，いじめ，不登校，日常化していく学級崩壊などの問題が看過できないものとして認識されたからに他なりません。

　当時の文部科学省で教科調査官をしていた杉田（2009）は，人間関係形成能力に関して次のような認識を示しています[6]。「人間関係の悩みは誰もがもっているものです。その意味で，人間関係形成能力は『性格』ではありません。人間関係を結ぶ力が性格だとしたら変えるのは非常に困難であり，『私には無理』という思いから，あきらめてしまう人が多くなるでしょう。人間関係形成能力も性格ではなくて学ぶことができる力，つまり『学力』なのです」[7]。

　国が学習指導要領に人間関係の形成に関して記載する前からも，学校現場の教師たちは，教師と児童生徒，そして児童生徒同士の良好な関係性の重要性を認識し，それを育成していたことでしょう。ここに来て，社会の変化，それに伴う児童生徒の実態に対応し，人間関係形成能力が学びの対象となったことがわかります。

　では，現行の学習指導要領では人間関係形成能力はどのように捉えられているのでしょうか。学習指導要領では，３つの資質・能力の育成がねらわれています。このことは読者の皆さんに「釈迦に説法」だとは思います。しかし，現場の先生とお話をしていると，この３つのことは知っているけど，中味まではよく知らないという方もいます。確認のために記載しておきます。

⑴知識及び技能が習得されるようにすること。
⑵思考力，判断力，表現力等を育成すること。
⑶学びに向かう力，人間性等を涵養すること。

　この３つ目の「学びに向かう力，人間性等」の中で，次のことが書かれています[8]。

> 「児童一人一人がよりよい社会や幸福な人生を切り拓いていくためには，主体的に学習に取り組む態度も含めた学びに向かう力や，自己の感情や行動を統制する力，よりよい生活や人間関係を自主的に形成する態度等が必要となる。これらは，自分の思考や行動を客観的に把握し認識する，いわゆる『メタ認知』に関わる力を含むものである。こうした力は，社会や生活の中で児童が様々な困難に直面する可能性を低くしたり，直面した困難への対処方法を見いだしたりできるようにすることにつながる重要な力である。また，多様性を尊重する態度や互いのよさを生かして協働する力，持続可能な社会づくりに向けた態度，リーダーシップやチームワーク，感性，優しさや思いやりなどの人間性等に関するものも幅広く含まれる。」

　前学習指導要領と連動していた前生徒指導提要には，生徒指導の意義のなかで「生徒指導とは，一人一人の児童生徒の人格を尊重し，個性の伸長を図りながら，社会的資質や行動力を高めることを目指して行われる教育活動のこと」と書かれています。社会的資質とは，人間関係をうまく遂行するために欠かせない能力のことであり，社会性や社交性，コミュニケーション能力，共感的な行動能力などが含まれますので，人間関係形成能力と極めて似た概念です。
　つまり，前学習指導要領では，いじめ，不登校，学級崩壊等の問題を背景に生徒指導のねらい達成のために人間関係形成能力が捉えられていたと考え

られます。そして，前生徒指導提要によれば生徒指導は，「学校の教育目標を達成する上で重要な機能を果たすものであり，学習指導と並んで学校教育において重要な意義を持つもの」（この生徒指導の捉えは，令和４年12月改訂の新提要でも同様）ですので，人間関係形成能力は，学校教育の柱の一つのねらいのまた一つと捉えられていたことがわかります。

　しかし，現行の学習指導要領は，改めていうまでもなく，３つの資質・能力をねらって設計されているものです。また，「知識及び技能」の習得と「思考力，判断力，表現力等」の育成は，「学びに向かう力，人間性等」の涵養に向かって方向づけられるという構造をもちます。つまり，人間関係形成能力の育成は，現学習指導要領のねらいそのものといってもいいと考えられます。

6　人間関係形成能力とは

　では，人間関係形成能力とはどのような能力をいうのでしょうか。小学校学習指導要領（平成29年告示）解説，総則編では，人間関係形成能力という文言そのものは，出てきませんが，「人間関係」という文言は，79カ所見られます。そのうちその育成にかかわるだろうと思われる「よりよい人間関係」という文言は28カ所になりますが，それが具体的にどのようなものであるかは明記されていません。

　一方，キャリア教育のなかに，人間関係形成能力という文言が見られ，その内容が記載されています。人間関係形成能力の前に，キャリア教育について簡単に整理しておきましょう。文部科学行政関連の審議会報告等で，「キャリア教育」が文言として初めて登場したのは，中央教育審議会「初等中等教育と高等教育との接続の改善について（答申）」（平成11年12月16日）です。新規学卒者のフリーター志向の広がり，若年無業者の増加，若年者の早期離職傾向などを深刻な問題として受け止め，それを学校教育と職業生活との接続上の課題として位置付け，キャリア教育が提唱されました。

その後，国立教育政策研究所生徒指導研究センターが平成14年11月，「児童生徒の職業観・勤労観を育む教育の推進について」の調査研究報告書をまとめ，小学校・中学校・高等学校を一貫した「職業観・勤労観を育む学習プログラムの枠組み（例）―職業的（進路）発達にかかわる諸能力の育成の視点から」を提示しました。この「枠組み（例）」では，「職業観・勤労観」の形成に関連する能力を，「人間関係形成能力」「情報活用能力」「将来設計能力」「意思決定能力」の４つの能力領域に大別し，小学校の低・中・高学年，中学校，高等学校のそれぞれの段階において身に付けることが期待される能力・態度を具体的に示しました。

　それから様々な議論が重ねられ，キャリア教育における基礎的・汎用的能力を構成する能力として，「人間関係形成・社会形成能力」「自己理解・自己管理能力」「課題対応能力」「キャリアプランニング能力」の４つが整理されました。文部科学省の「小学校キャリア教育の手引き―小学校学習指導要領（平成29年告示）準拠―」（令和４年３月）によれば，これらの能力は，包括的な能力概念であり，必要な要素をできる限りわかりやすく提示するという観点でまとめたものです。この４つの能力は，それぞれが独立したものではなく，相互に関連・依存した関係にあり，特に順序があるものではなく，また，これらの能力をすべての者が同じ程度あるいは均一に身に付けることを求めるものではない，とされています[9]。

　同手引きには，社会形成能力と共に人間関係形成能力は，次のように説明されています（文部科学省，前掲）[10]。

　「『人間関係形成・社会形成能力』は，多様な他者の考えや立場を理解し，相手の意見を聴いて自分の考えを正確に伝えることができるとともに，自分の置かれている状況を受け止め，役割を果たしつつ他者と協力・協働して社会に参画し，今後の社会を積極的に形成することができる力である。
　この能力は，**社会との関わりの中で生活し仕事をしていく上で，基礎となる能力**である。特に，価値の多様化が進む現代社会においては，性別，

年齢，個性，価値観等の多様な人材が活躍しており，**様々な他者を認めつつ協働していく力**が必要である。また，変化の激しい今日においては，**既存の社会に参画し，適応しつつ，必要であれば自ら新たな社会を創造・構築**していくことが必要である。さらに，**人や社会との関わりは，自分に必要な知識や技能，能力，態度**を気付かせてくれるものでもあり，**自らを育成する上でも影響**を与えるものである。具体的な要素としては，例えば，他者の個性を理解する力，他者に働きかける力，コミュニケーション・スキル，チームワーク，リーダーシップ等が挙げられる。」　　　（太字は筆者）

　国の示したこの人間関係形成能力への認識は，これまで示したいくつかのデータと符合するものです。つながりは幸福感と直結し，つながりは変化の激しい時代においては自分の人生を創っていくとても重要なものだと言えます。そして，その重要性は今後益々増していくと思われます。

　しかし，先程，日本人がつながりの中心とする職場の同僚と家族も安定したものではないと指摘しました。私たち日本人は，どのようなつながりをもっていったらいいのでしょうか。

7 安全基地と仲間

　先程紹介したリクルートワークス研究所の「マルチリレーション社会―多様なつながりを尊重し，関係性の質を重視する社会―」（前掲）では，様々なつながりの中で，注目すべき性質として「ベース性」と「クエスト性」の2つを挙げています[11]。ちなみにこの調査におけるリレーションとは，互恵的で，豊かな質をともなう関係性のことです[12]。「ベース性」とは「ありのままでいることができ，困ったときに頼ることができる安全基地としての性質」，「クエスト性」とは「ともに実現したい共通の目標がある，目的共有の仲間としての性質」と説明されています。私たちが幸福になるためには，人間関係における安全基地と仲間としての機能が注目されるということです。

これは，かつての拙著でも「チーム」と「ホーム」という概念で説明することもできます。

　「ホーム」とは，現在の姿の肯定，関係性の維持によるエネルギーの保持，増幅ができる集団のことをいいます。一方「チーム」は，協力的関係と機能的な役割分担によって目的達成を志向する集団のことです。

　「ホーム」は居心地がよいのですが，成長や発展が少なく，人々がもつ達成への欲求が十分に満たされるわけではありません。また，「チーム」は，目的達成への参画によって，成長や発展がもたらされますが，モチベーションの維持や生産性の向上への努力や対人関係が損なわれるリスクを常に負い続けなくてはなりません。人が幸福感を感じるには，それぞれの個性に応じて両方がバランス良く確保される必要があると考えています。

　「マルチリレーション社会―多様なつながりを尊重し，関係性の質を重視する社会―」（前掲）では，このベース性のあるつながりとクエスト性のあ

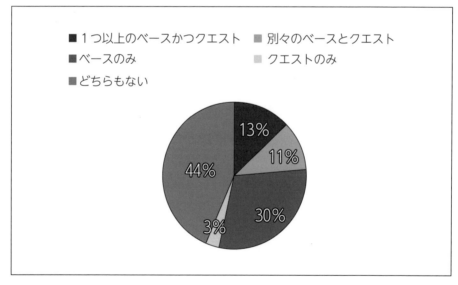

図8　働いている人のリレーションの持ち方
（リクルートワークス研究所，2020bをもとに筆者作成）

るつながりの確保状況について興味深い調査結果（「働く人のリレーション調査」）を紹介しています[13]。この調査は，全国に居住する，25-64歳の男女就業者を対象として，そのつながりの特徴を明らかにしたものです（図8）。

　図8を見るとわかるように，働いている人のうち，ベースかつクエストの機能をもつリレーションをもっているは13%，2つのリレーションを別々にもっているのは11%で，両方をもつのは，24%でした。また，どちらかをもっているのは，33%でそのほとんどがベース機能のリレーションでした。一方で，両方をもっていないのは44%であり，本調査は「リレーションをもつことは，今や，決して当たり前ではなくなった」と結論付けています[14]。

　本調査を私なりに解釈すると，働いている人のなかで，ホームとチームの両方をもっているのは4人に1人程度で，どちらかをもっているのは3人に1人でそのほとんどはホームであり，チームをもっているのは極僅か，そして，両方をもたない人が4割程度もいるのです。働いていても4割が豊かなつながりをもてないでいます。つまり，わが国の就業者において，安心や成長の時間を感じることができている人は，4人に1人，そのうち1人は，安心感はあるものの成長実感に欠け，残りの2人は安心感も成長実感も薄いということが推察されます。これは正に冒頭に紹介した，日本人の2人に1人は，幸福感を感じられていない状態と符合するのではないでしょうか。

8　今こそ，他者とつながる力を子どもたちに

　これまで学校教育において人間関係づくりは，いじめ，不登校，そしてときには学級崩壊の予防策として注目されることがありました。現在も人間関係づくりに注目し，尽力される学校はそのような目的で実践されていることでしょう。それは大筋で間違っていないと思います。むしろ，これからも積極的に進められていくべきでしょう。

　しかし，これまでの実践には，教師が子どもたちをつなげようと頑張りすぎるあまり，「仲良く」，「みんな一緒に」を強調するがために，同調圧力の

ような閉塞感を生んでしまうようなこともあったと思われます。同調圧力に対する忌避感からか，学校関係者の中でも，「ゆるいつながり」や「つかず離れずの関係」など耳当たりのよい人間関係が指向されるようになりました。それらのイメージが誤っているとは全く思いませんが，その実現はとても難しいと感じています。

　耳当たりのよさの一方で，他者に必要以上にかかわらない「冷たい関係」を助長してしまっている場合もあるのではないでしょうか。私たちが成長，発展するためには，「耳の痛い話」をしてくれる人も時には必要です。「耳の痛い話」は文字通り，痛みを伴います。中途半端な関係性でそれをすると関係が破綻してしまうことがあります。目の前の子どもたちの関係性を見てみてください。全肯定するか，全否定するかの極端な関係になっていませんか。肯定の関係は，他者が何をやっても「いいね」「ありだね」と認め，一緒にいる分には，まあまあ楽しいし独りぼっちになることはありません。否定するのは精神的に疲れますから，今の子どもたちは「かかわらない」という選択をしているのではないでしょうか。

　「ゆるいつながり」とは，余計な干渉はしないが，困ったときは助け合うわけであり，ネガティブな部分を他者にさらけ出す必要が出てきます。接近と回避の中間に立つ，とても難しい関係です。そこにはそれ相応の信頼関係が必要となります。耳当たりのいい話は，実現するときには，大抵の場合，多大なコストがかかるものではないでしょうか。

　学校教育が忘れてはならないことは，「子どもたちを幸せにする」ことです。そして，さらに大事なことは「子どもたちが幸せになる」力を育てることではないでしょうか。われわれの幸せの実感が，つながりの量と質に関係しているのだとしたら，学級をまとめるためではなく，子どものたちの幸せのために，ある程度の量があり，かつ良質なつながりのある学級経営をしていく必要があるのではないでしょうか。

　そして，それ以上に大切なことは，子どもたちが自らつながり，自らのネットワークを構築するような能力を育てることではないでしょうか。まとま

りのいい学級づくりや仲間づくりといったこれまでの学級経営の流れは，もちろん無視できないくらい大切な営みであり続けるでしょう。ただ，それはともすると，教師や社会性のあるクラスメートに依存する受身体質の子どもたちを一定数育ててしまっている可能性があります。これからは，子どもの幸せになる力を見据えて，自ら安全基地と仲間といった幸福感の基盤となるような人間関係をつくる力を引き出し，育てる学級経営をしていくことが求められているのではないでしょうか。

　今世の中はデジタル化，DX 化によって，人と人とが直接触れ合わなくてもいいような道具と仕組みの整備が進んでいます。コロナ禍はそれを加速させると同時に，なんとなく人々がもっていた人と人とが関わることに対する煩わしさに対する正当性を与えることに一役買ったように思います。それまでは，たとえ面倒でも人づきあいは大事にした方がいいと消極的に関わっていた人たちに，関わらなくてもいいとお墨付きを与えたのではないでしょうか。

　しかし，本章における調査等から私たちが幸福感と共に生きるためには他者とのつながりが重要な鍵を握ります。学校教育では，子どもの「将来のため」に学力をつけるために，教育内容やカリキュラムが整えられ，授業法の工夫もしています。ところがその一方で，人とつながる力については，そうした体制による整備は十分とは言えず，学校任せ，個々の教師任せになっているのではないでしょうか。

　人とつながる力が必要なのは，何も子どもの「将来のため」ばかりではありません。いじめは勿論，不登校も個人的要因よりも教師や子ども同士の関係性要因から起こっていることが近年の調査からわかってきました。教室の心理的安全性を脅かすのは，なによりも人的リスクです。つまり，子どもにとって教室における最大の脅威は人間関係なのです。将来の幸福だけでなく，子どもの「今ここ」の幸せのために，他者とつながる力をつけることは，学校にとって大事なミッションなのです。

【参考文献】

1 持続可能な開発ソリューション・ネットワーク「World Happiness Report 2023（世界幸福度報告書2023年版）（第11版）」2023年（https://worldhappiness.report/ed/2023/ 閲覧日2023年7月20日）

2 リクルートワークス研究所「Works Report 2020 5カ国リレーション調査【データ集】」2020年a（https://www.works-i.com/research/works-report/item/multi_5.pdf 閲覧日2023年8月16日）

3 リクルートワークス研究所「次世代社会提言プロジェクト―マルチリレーション社会：個人と企業の豊かな関係―」「【提言ブック】マルチリレーション社会―多様なつながりを尊重し，関係性の質を重視する社会―」2020年b（https://www.works-i.com/research/works-report/2020/multi_03.html 閲覧日2023年11月1日，https://www.works-i.com/research/works-report/item/multi2040_3.pdf 閲覧日2023年8月16日）

4 前掲3

5 中央教育審議会「幼稚園，小学校，中学校，高等学校及び特別支援学校の学習指導要領等の改善について（答申）」平成20年1月17日

6 杉田洋『よりよい人間関係を築く特別活動』図書文化，2009年，pp.160-161

7 前掲6

8 文部科学省『小学校学習指導要領（平成29年告示）解説総則編』東洋館出版社，2018年

9 文部科学省「小学校キャリア教育の手引き―小学校学習指導要領（平成29年告示）準拠―（令和4年3月）」2022年

10 前掲9

11 前掲3

12 前掲3

13 前掲3

「働く人のリレーション調査」：全国の25-64歳の男女就業者が対象。2019年12月19日～23日にオンラインで調査を実施。有効回答数は3273名。

14 前掲3

第2章

2年生になったら

1 どう世界は広がるか

（1） チーム体験でつながる

　先生がメンバーを決め，２〜３人のグループをつくって活動しようと思います。すぐに活動を楽しめるのは何年生くらいの子どもだと思いますか。私は，２年生ではないかと思います。

　例えば，先生がメンバーを決め，「うさぎグループ」「くまグループ」「きりんグループ」「りすグループ」と分けてリレーをしたとします。活動が始まってすぐに子どもは「そのグループの一員」となり，自分のグループの仲間を応援するのではないでしょうか。しかし，そのグループで仲良しグループになるわけではなく，リレーが終わればまた，仲の良い「友達」と遊ぶでしょう。

　つまり，先生が与えたこのグループというのは，

> **チーム（仲間）体験**

なのです。

　普段一緒に行動している仲の良い「友達」でなくても，先生がつくったグループを受け入れて「仲間」になれる。２年生はそんな年頃です。

　リレーで，「りすグループは４位だったけど，みんな気付いたかな？　応援の声は，りすグループが一番大きかったよ」と先生に認められれば，「次も応援しようよ」と仲間に声を掛ける子が出てきたりします。

　給食当番の仕事で，「黄色グループは準備が早いなあ！　しかも丁寧に盛

り付けたね」そう先生が喜べば，黄色グループはとても喜びます。先生の期待に応えようと，普段はあまり話さないクラスメイトの仕事も手伝ってあげたりし始めるのです。これも，「チーム体験」です。

　「そんなの，他の学年でもできるんじゃないの？」と思った方もいると思います。しかし，先程から述べているように「先生が決めたメンバーのグループ」を「すんなり受け入れる」という意味で，2年生は強力です。中学年ならば「なぜそのメンバー構成？」と自分たちの希望をもっと主張してくると思いますし，それを考えることも大きな学習となるでしょう。

　その点，2年生は，日常の「仲良しグループ」の枠組みがはっきりとしていない分，活動限定の「仲間」を受け入れるのが得意です。だからこそ，

> 様々なチーム体験を繰り返す

ことを楽しめます。チーム体験を繰り返す中で，学級の仲間のことを知り，普段もかかわることができるようになっていくのです。

（2） 先生とつながりながら仲間とつながる

　学級経営において，「子どもの関係づくりをしていく」「少しずつ任せてい
く」という話はよく出てきます。担任は子どもの成長とともに少しずつ手を
離し，子どもたちを自主的，自治的な集団に育てていくという流れです。
　しかしそれを目指して，

> 子どもとのかかわりを減らしていくと失敗する

のは確実です。

　マズローの欲求階層説を思い出してください。安全欲求が満たされた上に，
社会的欲求はあります。人間関係も同じことが言えると思います。「友達と
喧嘩したら，先生が話を聞いてくれる」「先生がわたしの気持ちをわかって
くれる」「先生は応援してくれる」その安心感があるからこそ，子どもはも
っと他の仲間ともかかわってみようと勇気がわくのです。広い世界へ一歩踏
み出す勇気は安全基地となる存在があってこそなのです。

　低学年では，先生とのつながりが，子どもの「安心感」に大きく関係して
います。先生が一人一人としっかりとつながる大切さは，北森恵氏が「自分
からまんべんなく継続的に」全員とかかわること[1]を勧めている通りです。
　この個々へのアプローチは，「継続的に」という言葉に象徴されるように，
子ども同士がつながっても，途切れることなく続けます。うまくいっている
先生に共通するのは，子どもとつながり続けているところです。

> 手を離していっても，目と心は離さない

　この構えで，子どもの世界を広げていけばよいのです。

（3） つながるための成功体験

　私は，2年生に少人数グループでの活動をさせるとき，それは「チームとして育て上げる」という意味合いよりも，「チームを体験する」という意味合いが強いと思っています。なんせまだ「未経験」なのですから。

　ここで，「みんなでやって楽しかったな」「みんなで頑張ってやり遂げたな」という気持ちを体験させてあげたいものです。その気持ちを知った子どもは，協働するエネルギーを蓄えることができます。

　皆さんの周りにいませんか？「一緒にやるのやだー」「一人でやりたい。みんなでやると喧嘩になるし」とグループでの活動を嫌がる子。このような子どもは，過去のチーム体験で嫌な思いをし，協働へのよいイメージをもてずにきたのでしょう。

　ですから，2年生でのチーム体験は，先生が
①手順を示し
②かかわり方のモデルを見せ
③ルールを伝えた上で
④先生の見守る中で行い
⑤良い姿はフィードバックする
という

　成功体験とするための指導に手を抜かない

姿勢が何より大切です。
　2年生のチーム体験が成功するかどうかの鍵は，子どもが握っているのではありません。先生が握っているのです。

では，「成功体験を積むことが，協働へのエネルギーを蓄える」とはどういうことか説明します。

　本書では，２年生の実践例を多く紹介しますが，２年生での活動がうまくいくことだけが目的ではありません。２年生での活動は，中学年，高学年で目指す姿につながっていくという見通しのもと，どこまで「つながる力」を育てていくかを考えています。

　３歳からピアノを習っている子が６年生になって弾ける曲を，６年生で初めてピアノを始めた子に「６年生なんだからこのくらい弾けるよね？」と求めるでしょうか。できるわけありませんよね。

　でも人とのかかわり方では，これを言ってしまっていないでしょうか。

　「高学年なんだから，リーダーとしてみんなをまとめて」と求めても，人とつながった経験のない子には，できるわけがないのです。

中学年になったとき

> 　力を合わせてやろうよ！（２年のときうまくいったじゃん）
> 　一緒にやろうよ！（２年のとき先生が教えてくれた楽しかったゲーム）

高学年になったとき

> 　どうしたらうまくいくかな（あのときみたいに話し合おう）
> 　全校に呼び掛けてみようよ！（あのとき先生とやったみたいに）

こんな風に思い出せる体験が必要です。

　成功体験というのは，記憶に，心に蓄えられていて，人とつながる必要が出たときに，前向きなエネルギーとなるはずです。

（4） つながり方を指導する

　経験の浅い頃の私は，「やり方ははっきりしないけど，やりたいって言ってるから子どもに丸投げしたお楽しみ会」「手順が示されず，うまく協働できなかったチームを叱責」そんなことがあったかもしれません。あの子たちは高学年になって，「えー，どうせうまくいかないからやりたくないな」と言っていたかもしれません。そう思うと，恥ずかしさと申し訳なさでいっぱいになります。

　上手な協働は簡単ではありません。自分の意見を伝えたり，仲間の希望を聞いたり，誘ったり，ゆずりあったり…２年生の子どもは，まだ上手な「つながり方」を知りません。だから

> 「つながり方」の指導はしっかりとする

方がよいと思います。

　「自主性」「主体的」といった言葉が広がるうちに，その意味をはき違えて，必要な指導も躊躇する先生を多く見ます。ですがここは，「やってみて，言って聞かせてさせてみて，ほめてやらねば人は動かじ」という山本五十六の言葉のように，寄り添った指導が適しています。

　上でも書いた通り，協働は簡単ではありません。ですが，仲間と一緒にやり遂げた喜びや，一人では成し遂げられないことを達成したときの満足感。困ったときに助け合える信頼感や，一人ではないと思える安心感。これは仲間がいなければ感じることができない「幸せ」につながる気持ちです。

> 仲間と「つながる」価値を理解している先生

は，そのための指導をないがしろにしないはずです。

② どう心に寄り添うか

（1）「嫌われてもいい」の正体

　低学年では，割とよくある子どもの反応ではないでしょうか。若手の先生から，「指導に困る」「反論ばかりする」と相談があるタイプの子どもです。

T：Ａさんがあさんに「キモい」って言われたって言っていたけど，本当？

B：うん，言った。

T：「キモい」なんて言われて，Ａさんはとっても悲しかったんじゃないかな。

B：え，ぼく言われても別にいいよ。

T：そうかな。でも言われて嫌な気持ちになる人もいるんだよ。だから，そんなことを言っていたらみんなに嫌われてしまうかもしれないよ。

B：別に嫌われてもいいよ。

T：本当に？　みんなに嫌われたらつらいと思うよ。

B：別に。ぼくも嫌いだもん。

B：「キモい」ことしたから「キモい」って言って何が悪いの？

T：…

　こうなるともう，打つ手なしですね。

　先生は相手の気持ちばかり押し付けています。何とかＢさんを指導し，「ごめんなさい」と反省する姿を引き出そうとしています。先生自身がＢさんと対立し，つながろうとしていないとも言えます。

この子の心に寄り添って話そうと思えば，こんな話が考えられます。

Ｔ：Ａさんがｂさんに「キモい」って言われたって言っていたけど，本当？

Ｂ：うん，言った。

Ｔ：正直に言ってくれてありがとう。
　　ところで「キモい」っていい言葉？　悪い言葉？

Ｂ：悪い言葉。

Ｔ：悪いって分かってるんだね。悪いって分かっているのに，そんな言葉を言ったんだから，すごく嫌なことがあったのかな。何があったのかな。

Ｂ：Ａさんがさ，抱き付いてくるんだよ。だから「キモい。変態。」って言ったの。

Ｔ：そうか，Ｂさんは抱き付かれるのは嫌なんだね。

Ｂ：うん。

Ｔ：けど，「キモい。変態」は，Ｂさんも分かっている通り，いい言葉じゃないね。

Ｂ：はい…

Ｔ：じゃあ，Ａさんに「すごく嫌だ」っていう気持ちをどうやって伝えたらよかったかな。

「別に嫌われてもいいもん」という子どもは，この学級の中に，「嫌われたくない」と思える仲間がいないのでしょう。温かな「つながり」をもてずにいるのです。じゃれ合うような関係性にも慣れていません。そして，適切な「つながり方」も知らないのです。

　まずは先生がこの子の心とつながって，「嫌われたくない」と思われる存在にならなければ，問題行動を止めることは難しいと思います。

（2）　一人でもいられる子の正体

　子どもたちの学校生活への適応感を調べる質問紙であるＱ−Ｕ（楽しい学校生活を送るためのアンケート）は，学級全体と児童個々の状況を的確に把握するための尺度です[2]（河村茂雄，図書文化社）。これを２年生で実施したときのことです。

　一人の子どもが，答えづらい項目について質問してきました。そのときの反応は，印象的なものでした。

Ａ：「休み時間等にひとりぼっちになることがある」が，どう答えた
　　らいいか分かりません。

Ｔ：ひとりぼっちになることがあるの？

Ａ：一人で本を読むのが好きだから。

Ｔ：そういうのは，ひとりぼっちじゃないから，「ある」にしなくて
　　大丈夫だよ。

Ａ：「いいえ」の方がいいんですか？

Ｔ：だってＡさんは仲良く友達と一緒に遊んでいるでしょう？

Ａ：（やっぱり答え方がよく分からない…）

　補足すると，この子は周りの友達と良好な関係を築くことができる子どもでした。私が知る限り，「ひとりぼっち」になることもありませんでした。ただ，一人でも行動できる子だったのは事実です。

　このときのＡさんの反応は，とても不思議なものでした。まるで「いろんな質問が『はい』の方がいいのに，どうして先生はこの質問は『いいえ』を勧めるのだろう」とか，「家の人は一人でできることをほめてくれるのに，どうして一人じゃない方がいいんだろう」とか，私の言っていることがとてもおかしいと感じているような顔をしていたことを覚えています。

おそらくＡさんは，一人でいることへのマイナスイメージがなかったんだと思います。一人で本を読んでいるとき，「寂しい」とか「仲間がいない」とか，思ったことはなかったのでしょう。

　なぜなら，本を読み終わり，鬼ごっこがしたいと思ったら「入れて！」と友達の中に入っていくことができるからです。受け入れてもらえないなんて，微塵も思っていないからではないでしょうか。

　きっとこの子は，「つながる力」の高い子どもだったのだと思います。

> つながることができる子は，一人でもいられる

のです。

　ここでＡさんに，「みんなと遊びなさい」と言ったり，周りの子に「Ａさんも誘ってあげてね」なんて言ったりするのは，とんでもなくナンセンスです。私たちは，子ども同士を「つなげよう」とするとき，一人一人を理解して，寄り添うことを忘れてはいけません。

　だからこそ，本シリーズでは，「つなげる」ではなく，「いつもつながっている」でもなく，必要なときに，適切に，自分から「つながる力」を大切にしています。子どもたちに必要なのは

> つながりたいときは，つながることができるという安心感と心強さ

です。

　さて，第３章からは１年間の学校生活を追いながら，「つながる力」を伸ばせるチャンスを見付けていきましょう。

【参考文献】

1　赤坂真二・北森恵『学級経営365日　困った時の突破術　低学年編』明治図書，2020年
2　河村茂雄『学級集団づくりのゼロ段階』図書文化社，2012年

第3章

人間関係形成能力を育てる
学級経営365日　2年

つながる環境づくり

短い春休みの時間術

（1） 業務の見通しを立てる

　春休みはとても短いです。たった数日で新しい学級の子どもたちを迎え入れなければいけません。そこで，時間を有効に使うことがとても大切になります。

　春にやっておきたいことは大きく分けて二つあります。

①事務的な新学期準備

②新学期の学級システムなどの構想

の二つです。ともすると①の事務的なことに追われてしまい，しっかりと考える時間がないまま子どもとの出会いをすることになることもありますが，そのつけは案外大きいです。

　学級のルールが先出しできないまま動き出して収拾がつかなくなったり，学級システムが動き出さないまま，1週間があっという間に過ぎてしまったりした覚えのある先生も多いのではないでしょうか。

　そこで，事務を落ちが無く進められ，考える時間を確保するために，私は春休み中の時間の使い方を詳細に書き出しています。次のページにあるのは，実際に私が使った計画表です。これがあると，自分の見通しが立つだけでなく，まだ初任の先生などに示すこともできました。

新年度準備計画

3 (月)	＜学年学級事務　9:00〜10:00, 15:00〜16:45　計2h45m＞ □児童について引継ぎ □学年について引継ぎ □教室の持ち上がり物品（画用紙等の残量など）確認 □名前シールハンコ押し・貼り（下駄箱・傘立て・ロッカー・ランドセルかけ） 　※あと机・椅子の分が必要なので名前シールは一人６枚ずつ作る。 □学年内の担当分担（会議で出入教が分かってから） 　・国語（　　）　・算数（　　）　・音楽（　　）　・会計（　　） 　・社会（　　）　・理科（　　）　・図工（　　）　・学年便り（岡田） 　・家庭（　　）　・体育（　　）　・総合（　　）
4 (火)	＜学年学級事務　15:30〜16:45　計1h＞ □教材選定→発注 □ノート発注（国・算・社・理・家・自学・漢字・振） □ファイル発注（学習・総合・音楽？・体育？） □学年開きの内容打ち合わせ　　　　　　→準備は明日　→１音確保する！ □第１週の週プロ内容を揃える　　　→５日午後までに各担任作成・扱い方相談 □学年便り（T自己紹介欄記入）→５日起案６日配付
5 (水)	＜学級事務　10:00〜12:15, 13:00〜16:45　計6h＞ □学年開き準備 □学年掲示板準備　→クリアフォルダ貼る？ □学年目標決める　→学年開きで発表できるように □明日の配付物確認 □学年掲示板 □教室整備・黒板書き（机名簿順に配置。席替えするなら来週に） □係の決め方（２組と相談）
6 (木)	１時間目　**新任式・始業式** ２時間目　学活（担任自己紹介，基本方針，教科書配付，日直のやり方，等話す） ３時間目　学年開き（１音とれなかったら明日の１時間目？　学年写真を撮る） ＜学年会＞ □第２週の週プロ作成 □明日からの宿題について □給食準備（当番表作成・コップマスクフック番号等確認・ルール確認）
7 (金)	１時間目　学活（当番決め・係決め？） ２時間目　(0.5) 入学式事前指導・トイレ等・椅子もって移動 **入学式** ３時間目　(0.5) 宿題開始・宿題の仕方，提出の仕方を丁寧に説明し月曜から徹底。 　　　　　　　配付物・連絡帳　※一斉下校，早めに出す。

春休み

4月

5〜7月

夏休み

9〜12月

冬休み

1〜3月

少し，細かく計画しすぎているように見えるかもしれませんが，もちろん必ずこの通りに動かなければいけないという訳ではありません。できるところからどんどんやっていくイメージです。

　こうして業務の見通しがはっきりしていると動きやすいので，実際には計画よりも早く進むことが多かったと思います。

　また，自分の教務手帳には，年間予定を貼り，学年の予定を書き込みます。何月にどんな行事があるのか，いつ頃から準備を始めるのか。また，何をいつ頃発注したらよいかなど，メモ書きでよいので書いておきます。

　2年生の担任になると決まったら，昨年の2年生の学年便りを一通り見ると，大体のやったことが分かります。春に新しい学年の見通しを立てるには，前年度の学年便りがとても便利です。

　こうして春のうちに見通しを立てることに時間を割くのは，何といっても

> **先が見えていると時間と心に余裕がもてる**

からです。業務が終わらないと，休み時間もなかなか子どもと遊ぶ余裕ができません。学級事務を計画的にこなしていく時間術は，子どもとつながる時間をつくるための第一歩かもしれません。

（2）　つながる時間をつくり出すために

　新年度の準備をすべて先生がやっておくことがよいとばかりは限りません。先生がしっかりと整えておくことも大事ですが，子どもが来てから一緒に作業した方が，学級づくりに意味があるものもあります。

　子どもたちが自分たちでつくる部分は，子どもができるように準備だけをしておくとよいです。子どもは先生や新しい仲間と一緒に，新しい生活の始まりを楽しむことができます。

例えば，教室では段ボール箱にいろいろな道具を入れて整理箱として使うことがありませんか。以前私が一緒に勤めた低学年の先生で，この箱にきれいな包装紙を貼り，マスキングテープで補強し，「お助けボックス」としてビニール袋や新聞紙を入れている先生がいました。

　素敵だなと思い，私も真似をしたのですが，このような作業は子どもたちのやる作業にしたら喜ぶこと間違いなしです。包装紙やテープを準備しておき，「この段ボール，きれいに飾ってくれないかなあ。みんなで使えるように！」とお願いすれば，子どもたちは休み時間に楽しみながら作ってくれるでしょう。

　先生が「わあー素敵！　ありがとう！」と喜べば子どもも大満足です。子どもは作業しながら互いを知り，会話するきっかけにもなります。協働作業は，子どもたちをつなげてくれます。先生がすべて奪わなくてもよいのです。

まとめ

①業務の見通しを立て，時間と心にゆとりをもとう
②子どもたちがつくる部分があると，スタートが楽しい

2 子どもをつなぐ教室環境

　２年生くらいの子どもたちは，新年度を迎え，いざ友達をつくろうと思って友達探しをする子はあまりいません。どちらかと言うと，どこか同じ場所で遊んでいるうちに一緒に遊び始めたり，何か同じものを見ているうちに話し始めたりと，自然と友達になっていく方が多いと思います。

　そこで，意図的に子どもをつなげるような環境を教室の中につくり出せば仲間づくりのチャンスが増えます。春休みにからっぽの教室を眺め，どこに何があれば子どもたちが集まりそうか，想像してみてください。ポイントは，動線，情報，スペース，です。

（1）　会話が生まれる場所

　まず，私は自分の教卓を廊下側に置きます。子どもが朝登校してきて，「おはよう」と声を掛けやすいからです。休み時間に「いってらっしゃい。今日はどこで遊ぶの？」と話しかけやすいからです。廊下にいる子どもの様子に目を配りやすいからです。先生との会話が弾むと，その中で子ども同士の会話を引き出しやすいです。

　ただし，どの先生も絶対に入口側がよいということではありません。なんとなく配置するのではなく，先生なりの意図があるかが大事です。

　また，見やすい場所に「ちょこっと連絡ボード」を設置します。分からないことがあると２年生は全員が「せんせーい！」と質問したがります。しかし，ただの連絡ならば先生は教えなくてもボードに書いておけばいいのです。慣れればすぐに，見た子どもが，「今日の体育はリレーだって！」などと仲間に伝えてくれるようになるでしょう。

（2） 子どもが集まる場所

　子どもがよく見る「給食便り」や「科学新聞」，「自分たちの写真」などは，学習関係の掲示とは別の場所に掲示するとよいです。その周りに広いスペースがあれば，子どもは自然と集まります。机や道具などで狭い場所はよくありません。狭くて混むと，「押した」とか「割り込んだ」などのトラブルが起きやすいからです。

　学級文庫や本の紹介コーナーをつくり，予備の机と椅子を置いておくのもお勧めです。休み時間に，ブラブラと暇を持て余す子どもたちが立ち寄ります。同じように，迷路や虫かごなど，とにかく

> ２年生が興味をもちそうなものを広いスペースに置く

ことが効果的です。

　ふらっと立ち寄った数人がいつの間にか会話をしたりします。子どもがつながり始めるには，子どもをつなぐアイテムが，とても役に立ちます。まだつながっていない子ども同士は，

> 先生や，本や，昆虫などを介して，つながる

ことができるようになります。

まとめ

> ①先生が「つなごう！」と意気込むより「つながる場」を設定する
> ②子どもがわくわくするアイテムを広い場所に置こう！

3　子どもとつくる教室掲示

（1）　不完全な掲示でわくわく

　2年生は，小学校2週目といえども1年間の流れをまだまだ把握しているわけではありません。これから起こる年間予定行事を短冊にしておいて，何月の行事かクイズ形式で埋めていくのは楽しいです。見通しをもつことにもつながりますね。

　同じように，全員の名前を自分で短冊に書かせ，誕生月を当てっこするのも楽しいです。1年生の頃を思い出して「○○さんは4月だと思う！」などと言いながら，クラスメイトに予想してもらうのも所属感につながります。

> **先生がする準備は，短冊だけ！**

　クイズの答えが出そろったら，そのまま高い位置に貼れば，自分のクラスの年間予定の出来上がりです。

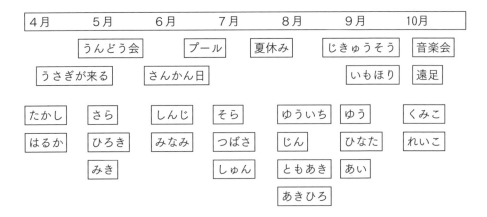

（2） 2年1組おもしろ動物園

　自分ってどんな人？　ここにいる仲間ってどんな人？　新年度にいきなり話すのはハードルが高くても，「動物にたとえると」というよくあるテーマで考えると，2年生でも話がはずみます。

①先生は動物のイラストを多めにコピーして切っておきます。
②黒板に模造紙を貼ります（簡単に木や山を描くとさらによい）。
③「いちばん自分っぽい動物を一つ選んではってね！」と書いておきます。
④朝来た子どもたちは，選んで貼ります。記名は必要ありません。

> 先生がする準備は模造紙と動物カードだけ！

　みんなが貼り終わった掲示を見て，先生は，
　「わー！　いろんな動物がいて楽しそうね。力強い人や足が速い人，他にもいろいろだから，みんなが何を貼ったか，後で近くの人に聞いてみてね。」と楽しそうに話します。
　すぐに近くの席の仲間に「何にした？」「なんだと思う？」などと聞き合う様子が見られ，さらに，「だって私さ…」のように，なぜそれを選んだかという自己紹介が自然に生まれる掲示作成でした。

まとめ

①考える楽しさ，一緒につくる楽しさ，分かってもらう嬉しさを
②掲示の中に相互理解を取り入れよう

春休み

4月

5〜7月

夏休み

9〜12月

冬休み

1〜3月

ルールづくりの構想

（1） 最初に伝えるルールを洗い出す

　2年生になったら，1年生のときよりも「先生！○○していいですか」と聞くことを減らし，少しずつ自分たちで判断することを増やしていきたいと思います。しかし，先生が最初に押さえるべきルールがあるのも事実です。

　春休みのうちに，

> 先生が示すルールと子どもと考えるルールを整理しておく

ことが大切です。

　特に2年生は，1年生のときの担任のやり方を「ゆるがない真理」のように思っていて，違うやり方が浸透しづらい面と，学校生活への慣れから自己判断で勝手な解釈をしてしまう面の両面があり，年度初めに大切なルールを示さないと，あっという間に学級が荒れることもあるのです。

　では，先生が最初に示さなければならないルールは何か。それは，

> 子どもの身体的安全と，心理的安全を守るためのルール

です。

　これは，「子どもたちを守るためにあるルール」だからです。「快適に過ごすためのルール」や「やり方のルール」とは別ですね。さて，どんなルールがあるか洗い出してみましょう。

（2）　2年生への伝え方を考える

　身体的・心理的安全を守るためのルールを洗い出していくと，「廊下は歩く」「ベランダに出ない」「悪口は言わない」など，多くのルールが出てきます。これらは，1年生ならば，一つ一つ確認が必要だったと思います。

　しかし，2年生になったら

> 「学校生活のきまり」「登下校のきまり」は必ず守ります。
>
> 　それは，みんなの体と心を守るためのきまりだから，守っていないときは，先生は本気で注意するよ。みんなが大切だからね。

と，少し大きな括りにして伝えるとよいです。そして，ルールがある意味も伝えます。「学校のきまり」などは4月に配付されると思うので，読み合わせるか掲示しておきましょう。

　子どもが判断できることを「先生，やってもいいですか」と聞いてきたら，「学校のきまりではどうだった？」「それはみんなにとって安全かな？」などと問い返して考えさせます。

　そうすることで，「先生が判断基準」から脱却し「やめた方がいいんじゃない？」「ねえ，これって危ないかな」と子どもたちが自分たちで考える姿を引き出すことができるのです。

まとめ

　①安全にかかわるルールは最初に示す
　②1対1ですべて答えず自分たちで考える姿を増やしていこう

5 初日につながる準備

（1） 名前の威力を侮るな

　以前，前年度に学級が荒れてしまったクラスを引き継いだ20代の同僚がいました。私は学年主任だったので，そのクラスと自分のクラスで一緒に学年開きを行いました。その若い先生は，初日の挨拶で，「私，春休み中にみんなの名前を憶えてきました！　今から言うから聞いてね！」と一人一人の顔を見ながら，全員の名前を言い当てたのです。そのときの子どもたちの驚きと喜びに満ち溢れた顔を忘れることができません。子どもは，

> **この先生は，自分たちを真剣に見てくれるに違いない！**

そう感じたことでしょう。この先生が，この学級を立て直したのは言うまでもありません。

　「もし名前が思い出せなかったら…」と思うと，私にはとても暗記で臨む勇気はありませんが，全員の名前を呼べるよう準備をしておきます。

　持ち歩ける座席表を用意したり，机の前面に名前を貼ったりしておくと，顔と名前が一致しやすいですね。そして初日に（無理だったら2日目くらいまでに）できるだけ全員の名前を声に出して呼びましょう。

（2） 仲間に目が向く出会いの黒板

　出会いの黒板は，「黒板アート」のような凝ったことをする先生もいて，「自分の教室はどうしよう」と悩む準備の一つでもありますね。

　自分の特技で凝りたい先生は凝ってもらって構いません。ですが，時間と労力をかけることはみんなが真似できることではありません。そこで，ここで紹介するのは，忙しい春休みに

> **時間をかけずに準備でき，仲間に目が向くための**

黒板です。

　実際に私は，長期休み明けによくやっているのですが，黒板に「○年○組クイズ」を書いておくだけです。「一番早く来たのはだーれだ？」「赤い靴下の人は何人？」などです。

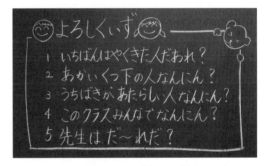

　登校してきた子どもたちは，互いをこっそり見たり，堂々と数えてまわったりして待っています。

　答え合わせは，朝学活で行います。「じゃあこれから数えるよ〜！」と言って挙手させれば答え合わせになりますね。

まとめ

①名前を呼べるよう準備しておこう
②仲間に興味をもつ楽しいクイズを！

2 つながるシステムづくり

4月

1 つながりの基盤となるもの

（1） 先生が子どもとつながる

　子どもたちをつなげたいと思ったら，まずは先生が子ども一人一人とつながりましょう。全体を盛り上げるだけでなく，個々を意識するのです。

・今日はだれの名前を呼んだか（呼ばなかったか）
・今日は全員に話し掛けたか
・好きなものや，得意なことは何か理解したか
・休み時間，誰と何をしているか把握できたか

　新年度のスタートから数日は，毎日こんなことを考えて過ごします。

　学級全体を見る一方で，一人一人を意識していないと，3日間先生と一度も話さず帰っている子がいるかもしれません。

　私は教卓を入口側に置くので，休み時間や朝のたび，「いってらっしゃい。どこいくの？」「おかえりー。汗だくだね！」など声を掛けるようにしています。できるだけ，名前を呼びながらです。

　先生の「全員を大切にしている」という態度は，「このクラスでは1年間全員を大切にしていくよ」という最大のメッセージとなるはずです。

（2） 先生同士はチームのモデル

　子どもたちは，先生同士が話している様子をよく見ています。私が廊下で他の先生たちと情報交換や打ち合わせをしてから教室へ戻ると，子どもたちに「何話してたの？」と聞かれることがよくありました。それだけではなく，

　「先生って，○○先生と仲いいよね。」
　「先生たち笑って話してたけど，なんか嬉しいことあったの？」
　「○○先生と○○先生ってさ，仲が悪いのかな。」

のように，鋭い質問をされることもあります。子どもたちは言葉や態度から，先生同士の関係性まで，よく観察しているのだと思います。ですから，子どもに願うのと同じように，

> 　先生同士もチームになる

ことは，最高のモデリングです。

　「○○先生，ありがとうございます！」
　「これ，よろしくお願いします。助かります！」

　先生方が，声を掛け合い協力して取り組んでいる姿は，協力するチームの姿として子どもたちの目に映っているはずです。
　そして何より，先生方が力を合わせられるチームになれば，先生自身も働きやすくなります。先生がつながる良さを実感すれば，それが子どもにも広がります。

★ 春休み

4 月

5～7月

夏休み

9～12月

冬休み

1～3月

（3）　気になるあの子と盛り上がる

　教室の中に，周りの子となかなかつながりをもてない子がいると思います。避けられているわけではないのですが，自分からはあまりかかわっていかない子。その子が遠慮したり，ぎこちない態度をとったりすると，周囲はなお気を遣って，距離が離れていくことすらあります。そんなときは，

> 　先生がその子と楽しそうに盛り上がる

姿を見せるとよいです。

　「話しかけてあげる」のではなく，「盛り上がる」のです。それには，

> ・その子が好きなことの話題で盛り上がる
> ・その子が得意なことについて詳しく教えてもらう

とよいです。

　それを見ている周りの子は，「なんだか楽しそうだな」「何の話をしているのかな」「あの子そんなことができるんだな」と思いながら聞いています。話に入ってくる子もいます。先生に「何話してるの？」と近付く子もいます。

　しかし残念ながら最初のその輪は，先生がいなくなると解散します。教室環境の項で述べたように，子どもは何かを介してつながることができ，この場合，「先生を介してつながっている」状態だからです。

　けれど，最初はそれでいいのです。

> 　○○についてだったら○○さんが詳しいよね

と周囲が思うまで，何度も盛り上がればいいのです。

（4） まずは個々とつながる深い訳

「先生を介してつながる」というのは，例えば，先生があまり学級になじめていないAさんに「Aさんって電車が好きなんだって？　じゃあ，電車クイズね。この電車の名前知ってる？」と盛り上がっていると，周りの子も「ぼくも教えてー」「じゃあこの電車は何？」と，いつしか輪ができる。そんな状態のことです。しかし，

> 先生が個々とつながっていなければ輪はできない

かもしれません。

　これは，仲の良い友達から「サッカーやろう」と言われたら「やるやる！」となるけれど，苦手な友達から「サッカーやろう」と言われたら「どうしようかな…」となるのと同じです。つまり，その子の感情が動くのは，サッカーの魅力ではなく，それを勧めた人への愛着が大きく影響するということです。

　こう考えると，子どもたちの輪をつくろうと思ったら，まずは先生が一人一人とつながり，子どもたちにとって大切な存在になることが，いかに大事かが分かります。まずつながって，そしてつながりを生み出す。それが4月のスタートです。

まとめ

①まずは先生が一人一人を理解してつながろう
②大好きで大切な先生だから，つながりの輪が広がっていく

春休み
4月
5〜7月
夏休み
9〜12月
冬休み
1〜3月

2 学級システムの共有
―安心感と所属感でつながる―

（1） やることが分かっている安心

　初めて入るレストランで，入っても店員さんが出てこないとき，なんとなくどうしていいか分からずに気まずい思いをしませんか。うろうろして，居場所がなく，私なら店を出てしまうかもしれません。

　一方，「いらっしゃいませ。こちらの席に掛けて，メニューを見てお待ちください。」と言われたら，居心地の悪さは感じませんよね。誰でも，

> すべきことが分からない状態は居心地が悪い

ものなのです。春は環境が新しくなります。そんな時期は特に，

> すべきことが明確だと安心できる

のです。

　だから私は，できるだけ早く学級のシステムをつくります。子どもたちが安心して動けるようにするためです。安心できなければ，仲間とつながることもできません。

　さらに，システムを共有すると，「うちのクラス」という感覚が生まれてきます。2年生の子どもたちには，「今日は朝の会・帰りの会のやり方」「今日は給食当番のやり方」「今日は宿題のやり方」など，1週間くらいかけて「うちのクラスのやり方」を伝えると，定着しやすいようです。

（2） 朝の動きを明確に

　まだ仲間とつながっていない春，何をしてよいか分からない時間は不安です。だから，朝来たら何をするのかをはっきりと示します。

> ・連絡帳を先生の机に提出する
> ・宿題を先生の机に提出する
> ・教科書を引き出しにしまう
> ・ランドセルを片付ける
> ・当番活動をする（花の水やりや，本の整理，換気などの仕事）
> ・朝の会が始まる前に着席する

　「宿題プリントは向きを揃えて重ねる」「時間に遅れる人がいないように声を掛け合う」など，集団の中での動きを教えると，バラバラだった子どもが，大きなまとまりになっていきます。

（3） 当番活動で役に立つ喜びを

　子どもが工夫をして学級を楽しく生活を豊かにする活動を係活動と呼び，学級のための「仕事」を当番活動と呼んで分けている学級が多いようです。当番活動は他者貢献を学ぶ場としてぴったりです。学級のシステムづくりには欠かせないので，きるだけ早く動き出すことをお勧めします。そして，

> 　どんどん感謝を伝え，どんどん喜ぶ

のです。

　「わー，黒板当番さんが黒板をピカピカにしてくれたね！ありがとう」
　「水やり当番が水やりしてくれたから，お花が元気に咲いたね。」
　「配り当番さんがお手紙を配ってくれて，先生すごく助かるな〜！」

感謝された子どもたちは，ますます張り切って仕事を行うことでしょう。けれど効果はそれだけではありません。

「先生，黒板当番さんがね，こんなにきれいにしてくれたんだよ。書くのもったいないねー！」
「配り当番じゃないけど，ぼくも配っていい？　お手伝いしたい！」

　これは，実際に２年生が言っていた言葉です。先生が，子どものたちの仕事ぶりに目を向け認めていると，子どもたちも互いの仕事に目が向きます。仲間のしたことに感謝したり，認められる喜びを知った子はお手伝いをしたがったり。
　そんな温かなつながりを生み出せる当番活動です。間違っても，「自分の仕事ちゃんとやりなさい！」と注意して，義務感ばかりが増えるような進め方にならないように，気を付けたいものです。

（4）　給食当番で協力するよさを

　給食当番の仕事は，１年生のときも経験しているので，盛り付けや片付けなどの自分の分担の仕事をこなすことはある程度できると思います。
　では，素早く配膳するためには，一人一人がスピードアップすればよいのでしょうか。２年生では，「盛り付けが上手になる」ことより，「協力して取り組む」ことを上達させたいですね。それには，

> **「協力する」とはどういう動きをすることか具体的に教える**

必要があります。
　２年生に「協力してやりなさい」と言ったら，こういうことはありませんか。「一緒にやろうって言ったら，一人でできるって言われました。だから協力できません」こういうこと，ありますよね。

子どもたちは「一緒にやる」ことが協力だと思っているのです。ですが，当然６人でお汁を盛り付けることはできません。そこで，協力ってどうしたらよいのか分からない子どもたちに，

> 分担以外でもできることを見付け，終わりを揃える

ことを伝えます。
　台拭きが終わったら牛乳を配るのを手伝う，おかずの盛り付けが終わったら床にこぼれたものを拭く，という動きです。こうして，給食当番全員で，給食当番全部の仕事を終わらせます。

　「それ，私の分担じゃないもん」「おかずは○○さんでしょ」と，給食当番というチームにならず，個人の分担にしか目が向いていない子どもが，「終わってない仕事はないかな」「他に手伝えることあるかな」と，他の子どもに目を向けるようになるためには，

> みんなでやったから，早く「いただきます」ができるねえ！
> お手伝いし合って，このチームはかっこいいねえ！
> 汚れた床を拭いてくれて，片付けが楽になったね！　ありがとう！

と，先生が認めて喜ぶことが効果的です。それが一番「次もやろう」という気持ちを後押しできると思います。

まとめ

①学級システムがはっきりすると，見通しがもてて安心できる
②同じシステムを共有すると，仲間意識が生まれる
③他者貢献や協力する姿を認め，つながろうとする意欲を育てる

3 **楽しさの共有—楽しいチーム体験でつながる—**

（1）　楽しむための諸注意

　なんにせよ，準備に時間がかかることは続きません。そこで，先生が準備に時間をかけず，繰り返しできるミニゲームを紹介します。なぜなら，1回の大きなゲーム大会で子どもがすごく仲良くなって成長するなんていう魔法のようなことはないからです。

　子どもは，グループで行うミニゲームの中でも「うまく会話ができない」「仲の良い子とばかり相談する」といった姿を見せるでしょう。実際にゲームをすると「全員が楽しむ」というのは難しいことなのだと気付きます。

　だからこそ，

> 　ミニゲームも大切なチーム体験の場

と捉え，短時間のゲームを繰り返すのです。

　その際

> ・全員で相談して答えを決めてね。
> ・答えを言わない人がいたら「どう思う？」って聞いてね。
> ・間違えても責めないよ。
> ・当たったら思いっきり喜ぼう！
> ・外れたら「やられたー！」ってポーズしよう！

など，話しておくことをお勧めします。つながり始めの2年生です。間違えたとき，失敗したときのリアクションは教えておくと安心です。

（2）　5分でできる暗記クイズ

①ペアか，グループになります。
②教科書○ページを開くように指示します。
③「よーいスタート！」30秒じっと見て絵や文を覚えます。
④「やめ！」教科書を閉じます。
⑤「家の屋根の色は何色だった？」などページから問題を出します。
⑥チームで思い出して，ホワイトボードに書きます。
⑦答え合わせをします。
⑧「やったー（ハイタッチ）」「やられたー（頭を抱える）」などのオーバーリアクションも楽しみます。

　2年生の教科書は挿絵が多いので，どの教科でも問題が出せます。そして，ページを変えれば何度でも準備なしにクイズができます。

　このゲームは，繰り返すうちに，同じチームの仲間で「私は上の方を見てるから，あなたは下の方を見て覚えてね」と知恵を出して協力的に答えようとする子どもが出てきたり，「わたしもうここに賭ける！」とヤマを張って他を捨てるような子どもが出てきたりして，子どもの変化が面白いです。

　覚えていて「わー，すごい。よく分かったね！」など賞賛の言葉が出る一方で，覚えていなくて「ちゃんと見ろよー！」など責める言葉が出てきます。そこが，言葉遣いの指導のチャンスになります。
　先生は，協力できた姿をおおいに認めたり，楽しむ姿を一緒に喜んだりして価値付けます。子どもたちはそうやって，どうしたら楽しめるのかを少しずつ身に付けていきます。

春休み

4
月

5〜7月

夏休み

9〜12月

冬休み

1〜3月

（3） めざせオンリーワン！ゲーム

同じく５分でできるミニゲームです。

---

①机を向き合わせ，４人のグループをつくります。

②先生が「春と言えば？」や「甘いくだものと言ったら？」などのお題を出します。

③４人で相談して，ホワイトボードに答えを書きます。

④一斉に答えを見せます。

⑤学級で「一つだけ」の答えが出たら優勝です。

　一つにならなかったら，オンリーワン無しです。

⑥オンリーワンになったグループは，「給食の唐揚げを最初に選べる」とか，「朝の会で歌う歌を選べる」など，嬉しいご褒美があるとさらに盛り上がります。

このゲームも，最初はお題に対し，自分たちの意見を出し合って答えをホワイトボードに書いている２年生ですが，回を重ねると，わざとみんなが出さないような答えを書こうと相談し始めて面白いです。

実はここがミソです。オンリーワンになるために考えるということは，「みんなは春と言ったら何て答えるかなぁ」と他のクラスメイトの考えに思いを馳せるということです。

「春と言ったら，ふきのとう」

「うわー，これは絶対出ないと思ったのに！」

「同じこと考えたー！」

「さくらは出ると思ったから書かなかったのにー！」

など，相手の心を予想しながら，自分との違いや一致を楽しみます。

（4） みんな大好き間違い探し

①間違いを見付けて答える人を一人決めます。

（日直さんにしたり，くじで人を決めたりしてもよいと思います）

②答える人は黒板の前で，黒板の方を向いて立ちます。

③答える人が黒板の方を向いている間に，教室の誰か２人の位置を入れ替えます。

（ＡさんがＢさん，ＢさんがＡさんの席に座る）

④答える人はみんなの方を向き，制限時間内で間違いを見付ける。

　席を入れ替えるのではなく，何かの場所を変えるなどでもよいかもしれません。教室全体での間違い探しゲームは，答える人以外も「仕掛け人」のような気持ちになり，ドキドキして楽しいです。

　ここまでに紹介した３つのミニゲームは，どれも仲間とつながったり，仲間に目を向けたりするゲームだと気付きましたか。つながり始めの子どもたちには，このくらい短時間でできる「チーム体験」が負担にならずいいと思います。

　「一緒に考えたらうまくいった！」「みんなとゲームして楽しかったな」という気持ちが，つながるエネルギーを蓄えます。

まとめ

①ミニゲームも「チーム体験の場」と捉えよう

②春は仲間を意識できる短時間のゲームが最適

4 目標の共有ー学級目標を使い倒すー

（1） 学級目標をどう使う

「学級目標は子どもたちとつくる」「学級目標をお飾りにしない」

学級経営を頑張っている先生は，目標の立て方を大切にしていると思います。そして，春は教育関係の雑誌などでいろいろな学級目標のアイデアが紹介されています。

そんな中で，私が必ず意識するのは，

> **1年間どんなシーンでも使える**

ということです。学習や生活，行事など様々なシーンで，目指す姿のキーワードとなる言葉を選びます。

例えば，子どもが出した言葉から，多数決で「優しい」「笑顔いっぱい」などが選ばれたとします。実際，こういった言葉は子どもに選ばれやすいです。けれど，学習のとき，運動会のとき，学習発表会のとき，使えるか？と考えるとなかなか生かしづらいと思います。

では，キーワードが「チャレンジ」だったらどうでしょう。学習の場面でも，持久走でも音楽発表会でも，1年生との交流の場面でも，生かせると思いませんか。そして振り返りでも「今回どんなことにチャレンジできたか」と学級目標をもとに自分を振り返りやすいです。

このように，子どもたちが実際に様々なシーンで使い，振り返ることができる言葉を選べば，何かうまくいかないときも，「みんなの目標はなんだっけ？」と立ち返ることができます。

（２） 学級目標をどうつくる

　２年生には「どんな学級になりたいか」をイメージして考えさせるより，「どんな２年生になりたいか」「どんな２年生がかっこいいかな」と考えさせた方が，イメージがしやすいです。

　「何でも頑張る２年生」「みんなと仲良し」「キラキラの２年生」いろんなアイデアが出されます。そこからすぐに多数決するのは，「ちょっと待った！」です。子どもは耳当たりのいい言葉を選びやすいからです。そこで，どうするか。方法は二つあります。

---

①考える視点を与え，話し合いで決める
②みんなの意見を受け取って，先生が提案する

　上学年ならば①がお勧めです。目的や活用場面を伝え，合うものを子どもたちで話し合って決める方法です。２年生では，①がまだうまくいかない段階なら②がよいと思います。

　「いい言葉がたくさん出てきたから，全部をまとめて『みんなでチャレンジきらきら１組』ってどうかな」のように提案します。「Ａさんの気持ちもＢさんの気持ちもみんな入れたんだよ」と。子どもの同意が得られたら，大きな文字の周りには，子どもたちから出されたたくさんのキーワードを全部貼って掲示します。一つも却下しないわけです。

　子どもたちが学級目標を共有したら，いよいよチーム○組のスタートです。今日から同じ方向を向いて進んでいきます。

> **まとめ**
>
> ①学級目標は様々なシーンで使っていける言葉に
> ②子どもが出した言葉をまとめて先生が提案してもいい

5 気持ちの共有
―今後につながるお隣さんとのつながり―

（1） お隣さんの苦手を理解する

　低学年は座席のお隣さんとするペア活動をたくさん取り入れたいですね。学活でも授業でも取り入れて，つながりを増やしていくチャンスです。2年生はお隣さんになれば性別を問わず仲良くできますし，席が近くなって活動をするうちに，休み時間も遊ぶ仲良しになるということも多いです。

　さて，そんな風に交流の機会が多いお隣さんに，ぜひ知っておいてもらいたいのが，「得意なことと苦手なこと」です。

　これを互いに理解することで，互いの援助要求を促します。「こまったときは助けてね。」ということです。

なまえ　　○○　○○　です
とくい・すき　　**なわとび**
にがて・きらい　　**にんじん**
これからよろしくね。

　給食のにんじんが少なく盛ってあったとき，「ずるーい」という声が出るか「○○さんはニンジン苦手なんだよ」という言葉が出るか。また，算数が苦手な子どもがヒントカードをもらったとき「ずるーい」と言われるか「頑張って！」と応援されるかは，互いの理解によって変わってきます。

　私は，ある子どもが，「あのね，隣の○○さんは読むのが苦手だけど頑張って読んでいて偉いんだよ」と話していたことがとても印象に残っています。互いの苦手を理解して，応援できるつながりを進めてあげたいです。

（2）　ペアで1日の振り返り

　帰りの会で，頑張っていた人やよかったことの紹介など，認め合い活動をしている学級をよく見かけます。「今日，○○さんが掃除を頑張っていてよかったです」のような発表です。拍手をされた子どもは嬉しそうだし，意欲も高まってとてもよいと思います。

　ただ，この活動はどうしても紹介する子も紹介される子も限られてきてしまいます。また，もともと仲の良い友達を褒める傾向もありますね。

　そこで，お隣同士で1日を振り返ってはどうでしょう。帰りの会で1分間の時間を取れば，互いに今日頑張ったことを言ったり，隣の人が頑張っていたことを認めたりできます。

> 司会：今日の振り返りです。1分間スタート！
> 　「今日は，算数で繰り下がりの引き算を頑張りました」（拍手）
> 　「今日は，給食を残さず食べられました」「頑張ったね」（拍手）

・自分が頑張ったこと
・お隣さんが頑張っていたこと
・お隣さんにありがとう

など，曜日によってお題を変えてもいいですね。これなら，全員が発言できて，また全員が認めてもらえます。毎日繰り返せば，お隣さんのいいところを見付けようと「いいとこ探し」の目も育ちます。

まとめ

①お隣さんの苦手なことを知って助け合う雰囲気をつくる
②ペアで1日の振り返りをして，相手の頑張りを認め合おう

春休み

4月

5〜7月

夏休み

9〜12月

冬休み

1〜3月

6 学び方の共有—つながりを生む授業のつくり方—

（1） 授業で子どもをつなぐとは

　仲間と話し合いながら考えを深めたり，意見を交流して見方を広げたりする授業がさかんに行われています。一方で，「なかなか子どもたちがうまく交流できない」という悩みも多く聞きます。授業で子どもたちを上手につなげたいというのは，多くの先生方の願いなのかもしれません。

　そこで考えたいのが，授業でいう「うまくつながる」とはどんな状態かということです。私は，

・相手の意見を聞いたり，自分の意見を伝えたりが意欲的にできる
・仲間との対等性が保障されている
・学習中は学級の誰とでも話ができる
・間違いや失敗，自分と違った意見を受け入れる態度がある

ということを大事にしています。

　このような態度を身に付けるために，２年生の子どもたちには，「つながり方」を丁寧に指導してから交流させます。そして，「うまく話し合えたから課題が解決した」「仲間から教えてもらって分かるようになった」など，

　仲間とつながるよさを実感できる

ようにします。では，どんな指導を行うか，以下にいくつかのポイントを紹介していきます。

（2）　聞き方指導で伝える意欲を高める

　２年生の子どもたちは，授業中に挙手をして発言するとき，先生に向かって話をしていることが多いです。仲間の意見をよく聞かずに「自分の意見を言いたい！」と「ハイ，ハイ！」と必死に手を挙げている子どももいます。

　それを，仲間に向かって話す子どもにしていきたいです。それには，周りの子どもに仲間の発表をきちんと聞かせることから始めます。最初は先生が，「同じこと考えていた人いる？」「付け足しがある人は手を挙げて」と間に入って構いません。

　誰かの発言に対し「同じです」「賛成」「いいねー」または拍手などの

> 認める反応ができるよう促す

のです。

　違う意見をもっている子どもは，先に出た意見を否定せず，新たに挙手をして「私は少し違って，〜だと思います」と，自分の意見を言えばいいのです。プラスの反応をもらった子どもは，「もっと意見を聞いて欲しいな」と伝える意欲が高まります。

　ドラッカーが，コミュニケーションを成立させるのは聞き手である[1]と言っている通り，聞き方を指導し，いい聞き方が増えることで，「聞いて欲しい」「伝えたい」「話すのが楽しい」という気持ちを引き出せるのです。

（3）　輪番発言で対等性を保障する

　４人グループで話をするとき，「グループで話し合いましょう」「グループで考えましょう」とだけ指示を出すと，おそらく分かっている子は積極的に意見を言い，分からない子は意見を言わないでしょう。主張の強い子どもの意見が通って，「じゃあこれでいいよね」とグループの意見として決まってしまうこともあります。

このやり方では，何度話合い活動をやっても，協働的な学びにはならないでしょう。話し合い方の指導がされていないからです。授業で話合いをさせるとき，低学年のうちに必ず，話し合い方の指導をする必要があります。

私が必ず指導するのは，輪番発言です。

> **必ず全員の意見を聞く（全員が意見を言う）**

というやり方です。

例えば学級目標を考えるとき，グループで考える時間を5分間与えるとします。そうしたら，誰か一人の意見で「先生もう決まりましたー」と話合いをやめてしまうことがないように伝えます。まずは4人全員に意見を聞きます。それから，「どれがいいと思う？」とまた全員に聞きます。

輪番発言をやっていくと，話せなかった子どもが話すようになります。仲間が聞いてくれるということは，それだけ大きな力になるのです。だから，

> **お互いに「○○さんはどう思う？」と尋ねること**

を教えます。

「つながる力」というと，発信することと思いがちですが，「相手の気持ちを聞き出すつながり方」，「相手に興味を向けるつながり方」を教えることで，つながることが苦手な子どもにも，つながる勇気を与える学級になるのです。

（4）　簡単ペアトークで当たり前につながれる子に

授業でペアトークも積極的に取り入れます。体の向きを変えて，膝を向き合わせて話します。席替えのたびにお隣の相手は替わり，いろいろな仲間と話す機会となります。もし，仲の良い子とやりたいと言う子がいたら，「学習は誰とでもできるよね。お隣の人とやってね」と指導します。

ただ，いきなり「話合い」など難しいことはうまくいきません。うまくい

かないことは嫌いになるので，簡単なことから始めます。

　例えば，算数の答え合わせの前に「隣の人と答えがどうなったか聞き合ってみて」と指示します。「２人の答えが同じだった人は？（挙手させる）」「答えが違った人？（挙手させる）」と聞きます。もしここで，手が挙がらなかったペアがあったら，「まだ聞き合いっこしてないなら，聞こう」と促します。話さないままにはしません。

　このように，仲がいい悪いや，好き嫌いではなく，

> 学習中は誰とでも平等に接することができる

ことを当たり前に求めていくのです。

（5）　間違えた子への声の掛け方

　授業では当然，間違えることもあります。周りの子が「は？」など不適切な言葉を発してしまうこともありますね。ここは先生の腕の見せ所です。

　「おー，気が付いた人もいるけど，ここちょっと違っているね。実はここ，間違いやすいポイントなんだよ。他にも同じ間違いした人が実はたくさんいるんじゃないかな。だからみんなでもう一度確認しよう」と明るく言います。すると「うん，私も間違った」「分かる分かる」などの声が出ます。

　間違いにどう反応するかは，先生がモデルになって示したいですね。

まとめ

①学校で学ぶ価値は多様な人とのつながり方を学べること
②授業は仲間とのつながり方を学ぶ場の宝庫

【参考文献】
1 Ｐ・Ｆ・ドラッカー『仕事の哲学　最高の成果をあげる』ダイヤモンド社，2003年

7 子どもは環境を映し出す鏡
―1カ月目の振り返り―

　教育者の野中信行氏は『学級経営力を高める3・7・30の法則』の中で最初の3日，7日，30日目頃は大切なポイントがある時期だと書いています[1]。特に，30日経った頃は，子どもと話をしたり一緒に遊んだりしながら少しずつ個々の関係を太くしていくことが大切だと言っています。

　新学期が始まって1カ月。子どもの気になる言動があれば，校内で情報共有しましょう。その行動の背景を考え，5月からどのようにその子とつながっていくか，先生方で共通理解ができると心強いです。

（1）　子どもの言葉が映すもの

　子どもたちの言葉は，その子がどんな言語環境にいるかを表していると思います。メディアや兄弟などの影響も大きいとは思いますが，せめて学校では触れる言葉に気を付けてあげたいと感じます。

　マイナスな発言が多い「気になる子」がいたら，注意するだけでなく，その子が何に影響を受けているか探ってみてはどうでしょう。

> その子がよく使う言葉は，その子がよく言われている言葉

ということでもあります。注意して直るものではありません。

　マイナスの言葉が多い子どもには，それ以上にプラスの言葉をたくさん掛けていくことです。その子の周りに温かい言葉を増やしていく，それがその子の言語環境を変える一番の近道です。

（2） 子どもの反応が映すもの

　子どもが黒板のチョークを落として割れてしまうこと，よくありますよね。そんなとき，子どもの反応は実に個性があります。

- ・あー！　割れちゃったー！とあっけらかんとしている子
- ・ごめんなさい。割っちゃいました。と謝る子
- ・（やばい…）と隠す子
- ・あーあ！と責める周りの子
- ・大丈夫？と慰める周りの子

　性格もありますし，すべてがその子の置かれた環境を映し出しているとは言いませんが，せめて自分の学級では「さっと隠す子」にはしたくないな，と思います。これは咄嗟に「先生に怒られる！」と思う子の反応だと思うからです。

　私は，授業中に子どもがチョークを落としてしまって割れたとき，

　「お，チョークが増えたから，もう一人，黒板で計算できるよ」
　「落とさないように気を付けてね」

と言っていました。ここで，「先生はこういう場面ですぐに責めたりしないんだ」ということを

　　チョークを落とした子も，見ていた周りの子も覚える

ものなのです。

　みなさんはこんなとき，自分の学級の子どもに，どんな反応をして欲しいと思いますか。その望む反応を自分がすれば，子どもたちが真似をします。

春休み

4月

5〜7月

夏休み

9〜12月

冬休み

1〜3月

（3）　子どもの考え方が映すもの

　２年生の男子の中に，どうしても気になり合う２人がいました。目立つ一人のやることがもう一人は気になって，どうしても何か指摘したり注意したりしたくなってしまうのです。

　ある日，言い合いになってしまった２人の間に入り，話を聞いているときのことです。話しながら冷静になってきた一人の子どもが言いました。

> 　○○くんはさ，ぼくと仲良くしたいから何か言うんだよね。
> だからもういいよ。

　この話を職員室でしていると，あるベテランの先生が，

> 　家でお母さんがそう言っているんだろうねえ。
> 「○○くんはきっとあなたと仲良くしたいだけなんだよ」って。

　本当にその通りだと思いました。

　子どもが，家に帰って「今日こんなことがあったんだよー」「○○くんってさー」と，もやもやしたことを話したとき，
　「え？　その子と遊ぶのやめた方がいいんじゃないの？」
と言っていたら，きっとあの反応は出てこないと思うのです。

　２年生くらいの子どもは，言葉も考え方も，まだ完成しておらず，周りからどんどん吸収して覚えていく時期です。良くも悪くも大人の鏡です。「自分の鏡だと思って子どもたちを見たい」そう思った出来事でした。

（4）子どもに「つながる力」をどう映していくか

「子は親の鏡」という言葉があるように，ある程度は「教室は担任の鏡」，とも言えるかもしれません。特に2年生は，まだまだ担任の先生のやり方に大きく影響を受けている時期です。さらに，言葉や習慣，考え方をどんどん吸収し身に付けている時期です。

「自分の鏡って言われると，ちょっと厳しいなあ…」
と思う先生も多いかもしれませんが，吸収しやすい時期ということは，どんどん変われる時期ということです。

先生が自ら，どんどん子どもたちとつながり，子ども同士が温かな「つながり方」をしていたら認めてあげたらよいのです。それがどんどん子どもに「映る」のです。それには，

> 「つながる力を育てよう」と先生がしっかりと意識する

ことです。

意識している先生は，よい「つながり」の言動が見られたとき，すぐに気付き，「その言葉いいね」「今の行動うれしいなあ」とスポットを当てることができるのです。その姿は必ず増えていきます。

> **まとめ**
> ① 2年生は周りの環境に大きく影響を受けている
> ② 「つながる」姿にスポットを当てれば，認めた姿は増えていく

【参考文献】
1 野中信行『学級経営力を高める3・7・30の法則』学事出版，2006年

春休み

4
月

5〜7月

夏休み

9〜12月

冬休み

1〜3月

3 つながるよさを体験しよう

5〜7月

① 当番活動でやってみる

（1） 朝の会・帰りの会で

4月に始めた当番活動で，「みんなの役に立つのって気持ちいいな」と感じ始めた子どもたち。学級の仕事を行っていると，困ったことや，みんなに伝えたいことが出てきます。そして，

> 先生に何か困ったことを伝えてきたときがチャンスです

「先生ー，本棚当番で毎日本をきれいにしてもさ，みんながバラバラに置いていくとすぐに本がぐちゃぐちゃになって大変なんだよ。」
「窓開け当番が窓を開けると，寒いって言う人がいるからどうすればいいですかー。」
　こんな声が聞かれたら，「朝の会や帰りの会でみんなに話してみよう」と提案します。伝える必要感が出てきたときが，一番うまくいくチャンスです。

　朝の会のプログラムに，「みんなの連絡」を設けます。ここでみんなへのお願いや困っていることを伝えてみます。先生には伝えられるけれど，みんなの前に立つと話せない子は結構います。そしたら先生が「みんなにお願いがあるんだよね。話してごらん」と手助けして構いません。

「本棚当番からお願いがあります。片付けてもすぐにバラバラになるので，みんなも本を返すときに，立てていれてください。」

　お願いしたことで改善が見られたら，帰りの会でお礼を伝えるのもいいですね。

　本当のつながりとは，言葉のやり取りではなく，こうして相手へのお願いを伝えることや，言われたことを受け入れて聞くことのように，

> 気持ちのやり取りでつながること

だと思うのです。いわゆるアサーティブコミュニケーションです。こうした気持ちのやり取りが自分でできるように，経験を増やしていくのです。

（2）　掲示板を使って

　同じように，仕事をする中でみんなへのお願いや困ったことが出てきたら，掲示板で伝える方法もあります。発信の場は多く設けて損はありません。子どもたちが自由に使えるスペースやホワイトボードを用意してあげましょう。朝の会で連絡をして，掲示板に書いてもいいわけです。

　子どもが何か訴えてきたとき，先生が連絡すれば手っ取り早いのは確かです。ですがそこで先生から伝えずに，

> 子どもが伝える時間を設けたり場をつくったりする

そのひと手間が，子ども同士をつなげます。

まとめ

①困ったことやお願いを訴えてきたら，伝える場をつくる
②ただの言葉の交流から気持ちの交流へと進めていく

2 　**係活動でやってみる**

（1）　遊びをつくりだす

　4月の頁で，当番活動は仕事であり，係活動は学級を楽しくしたり生活を豊かにしたりするために子どもたちが工夫して取り組む活動だと述べました。学級が動き出したら，係活動を積極的に取り入れていきましょう。

　始めは何をしていいか分からないと思うので，

> 学級活動の時間を使い先生と相談しながら活動を決める

とよいと思います。2年生は，何かやりたいことがあっても，形にならないことも多いです。計画や材料集めは十分に相談にのってあげたいものです。

【準備の仕方】

①係の遊びの例をいくつか示す

　クイズを出したり，何かを競争したり，何かを作ったりという例

②自分たちがやりたいことを考える

③使いたいものがあれば先生に相談する

④必要なものを作ったり，練習したりする

⑤考えた活動をやる時間を決める

　最初は休み時間にやりたい人を集める方法がやりやすいと思います。例えば，「スポーツ係が昼休みにリレーをします。やりたい人は集まってください。」や，「イラスト係が休み時間にぬりえ大会をします。ぬったイラストは教室に飾ります。ぜひ来てください。」のような形です。

　2年生は，こんなお店屋さんごっこのような出店が大好きです。たくさん仲間が集まります。先生も遊びに行けば，子どもたちは大喜びです。

（2） 学級のお楽しみ会を計画する

　私のクラスでは，行事の後や学期の終わりなどに，お楽しみ会をします。この会は，やることを学級会で一つに決めてやるというやり方はしません。全部の係が５分間好きなイベントを行うというやり方をしています。

　34人学級で８つの係があったとき，５分ずつ好きなイベントを行うと，だいたい45分の授業でお楽しみ会を実施できます。

【準備の仕方】

①５分でできる内容を考え，準備する時間を取る。

②全員で楽しめるかどうかを先生と一緒にチェックする。

③５分でできるように練習タイムを取る。

　クイズなら２・３問，歌なら１曲，手品なら１回くらいの時間しかありませんが，まずはこのくらいの小さな企画をみんなで経験します。長い時間を任せるのは，もっと後でいいのです。

　②の「全員楽しめるか」は大切です。例えばクイズなら，挙手制だと一人しか答えられないので，先生から「グループで考えてホワイトボードに答えを書くのはどう？」「○だと思う人？　×だと思う人？　と聞いてから答えを言うのはどう？」と全員参加の方法を教えてあげるとうまくいきます。

　このような学級イベントは，「全員が参加できるか」「みんなが楽しめるか」を意識させます。「全員」を意識した動きは難しいですが，学級イベントの成功が，委員会活動や児童会活動で全校を意識できる高学年へとつながっていくのです。

まとめ

①係活動を成功させるため，準備の時間を十分に確保しよう

②仲間を集め楽しんでもらえた自信はつながる意欲になる

春休み

4月

5〜7月

夏休み

9〜12月

冬休み

1〜3月

運動会でやってみる

（1） 勝負を超えた目標でつながる

　運動会は，子どもたちを本気にさせるために，赤組白組などに分けて勝敗を決めるシステムが採用されているのだと思います。確かに，ただの記録会だったら，あの応援合戦の白熱は引き出せないと思います。

　ただ，勝利を第一の目標にして「頑張ろう！」と練習してきていたら，負けたチームの子どもたちにとって，なかなか辛く悔しい１日になることは間違いありません。

　そこで，勝っても負けても，どんな２年生ならかっこいいのか

> **勝敗を超えた目指す姿を事前に決めておく**

とよいと思います。

　学級目標が運動会でも使える言葉なら，学級目標に立ち返ればよいです。

　例えば，こんな風に投げ掛けます。

　「スポーツの観戦をしていたらね，負けているチームに『もっとちゃんとやれー』って怒っている人がいたの。運動会でこういう言葉が応援席から聞こえたら，みんなどうかなあ。」

　２年生に考えさせます。そして，

　「たとえ勝っても，人を責めたりしたら，かっこいい２年生じゃないと思うんだよね。みんなは，どんな２年生を目指していたんだっけ。」

　そうやって目指す姿に立ち返ります。そして，みんなの目標を確認した後に，個人の目標カードがあれば記入します。

　学校行事ですから，部活や習い事とは違います。運動が苦手な子どもも，

運動会が好きでない子どももいて，全員がチームになって取り組むのです。「勝っても負けても，最後まであきらめないで応援する」「練習の成果が出るように一生懸命走る」のような気持ちを育てたいです。

> **全員がめあてを達成できるように頑張ろう！**

　そう言えるように，勝負ではない目指す姿を学級で共有し，気持ちをつないでいきましょう。

（2）　振り返りでつながる

　事前に目指す姿を共有している子どもたちは，競技を行っていても目標を忘れたりはしないものです。大人が「勝てるように頑張れ」と何気なく言った言葉に「勝っても負けても頑張るんだよ」と言い返したりもします。

　2年生の子どもたちは，学級で目指す姿を考えながら，価値観をつくっていくんだなぁと実感します。

　運動会後の振り返りでは，目標が達成された姿をみんなでたくさん出し合えると嬉しいです。自分の頑張りとともに，仲間が応援してくれたこと，仲間が一生懸命走っていたこと，転んだ人に優しかったこと，荷物を持ってくれたことなど，互いに気付いたことが出されます。

　「自分たちってすごいな」達成感とともに一緒に頑張った仲間として，一人一人のつながりの線が学級内で増えていくのが分かります。

まとめ

①運動会では勝利より目指す姿を事前に共有しておこう
②振り返りを行い，自分や仲間の姿を伝え合おう

春休み
4月
5〜7月
夏休み
9〜12月
冬休み
1〜3月

4 **1年生との交流でやってみる**

（1） 満足してもらい，満足する

　2年生にとって1年生の存在は大きいです。小学校で初めての年下の相手には，教えてあげたいことがいっぱいです。ぜひたくさん合同の活動を計画したいと思います。私の勤務校では以下のような活動をしています。

・学校探検
・校歌を教える
・運動会の合同団体種目（玉入れ）
・七夕飾りを一緒に作る

　いくら1年先輩とはいえ，2年生もまだまだ他者意識が育っている年齢ではありません。自分のやりたいことを優先して1年生そっちのけで活動することもあります。また，1年生にうまく話しかけられない子もいます。

　そこで，「1年生のとき，困ったことはなかったかな」「1年生にはどうやったら分かりやすいかな」と相手を意識して準備をします。話し方も考えます。相手に合わせたつながり方を指導してから活動します。なぜなら，

> 　うまくつながれたことが，次のつながる意欲になる

からです。

　年下の子どもには，「教えてあげる」「一緒にやってあげる」と，「相手のため」を思った活動ができますが，実は喜んでもらえて自信を付け，満足するのは教えてあげた2年生なのです。

　うまくできて「またやってあげたいな」という気持ちになるよう，話しかけ方，教え方などの事前指導が不可欠です。

（2）　1年生と七夕飾りを作るなら

　1年生と一緒に活動するとき，大きく成長するのは2年生の方です。2年生自身は「1年生のためにやってあげよう」という意識で取り組めばよいのですが，2年生担任は『小学校学習指導要領解説特別活動編』（第2章第2節）にあるように「異年齢集団や学級内のグループの活動を協力して行うことを通して個々の児童がよりよい人間関係を築く態度の基礎を身に付ける」という目的で活動しなければいけません。

　成功するには，こんな流れが必要です。

---

①低学年の廊下に七夕飾りを作ることを提案する。
②飾りを作り始めたら，素敵な飾りや丁寧な作業を褒め意欲を高める。
③うまくいく作り方を1年生に教えてあげることを提案する。
　（1年生担任が「教えて欲しいな」とお願いに来るとさらによし）
④「七夕飾りで玄関をすてきにする大作戦」計画を立てる。
⑤教えたいこと，教え方を決める。
⑥うまく伝わるように，見本を作ったり，動画を作ったりする。
⑦2年生同士で発表や，1対1で教える練習を行う。
⑧自信をもって1年生と交流する。

　「1年生に教えなきゃいけないなあ…」と2年生担任が思ってはうまくいきません。「2年生に力を付ける」「2年生のための時間」と思って1年生と交流することで，成功体験をつくることができます。

まとめ

　①1年生とつながる前に，つながり方を事前指導する
　②担任は，2年生に身に付けたい力をはっきりさせて交流に臨む

春休み
4月
5〜7月
夏休み
9〜12月
冬休み
1〜3月

5 **児童会行事でやってみる**

（1） 異学年交流に送り出す前に担任がすべきこと

　『小学校学習指導要領解説特別活動編』には，「児童会活動の内容」の中で異年齢集団による交流について次のように書かれてあります。

> 　学校生活の充実と向上やよりよい人間関係の形成のためには，学年や学級が異なる児童と共に楽しく触れ合ったり協力して活動に取り組んだりすることが大切であることを理解し，計画や運営，**交流の仕方**などを身に付けるようにする。
>
> （太字は筆者）

　行事は，「かかわりを増やせば仲良くなる」「イベントをすれば楽しめる」というのは早計です。実際，うまく交流できずに楽しめなかったり，トラブルが起きたりすることはめずらしくありません。

　そこで必要なのが事前指導です。2年生なりの集団の中での役割や，楽しく触れ合えるための交流の仕方などを具体的に考える時間をつくります。

　私は，「どんな言葉を増やすとみんなが嬉しくなるか」「どんな行動をしたらトラブルが起きないか」などを具体的に考え，一人一人がめあてカードに書いて意識できるようにしました。

　行事本番は，子どもたちが「ありがとうをたくさん言えるように頑張ってくるね！」などの意欲をもって参加することができました。

> 　集団の中でどう行動したら皆で楽しく過ごせるのか

　それを実践的に学ぶ場として児童会行事はあるのです。

（2）　縦割り班で遠足に行くなら

　私の勤務校では，全校縦割り班での活動を取り入れています。１～６年生を２人ずつ組み合わせた12人程度で構成された班です。清掃活動や，児童会行事などをこの班で行います。

　縦割り班での活動は，リーダーシップやフォロアーシップを学ぶとても良い機会となりますが，「班長がうまく指示を出せない」「低学年が言うことを聞いてくれない」など，子どもから困った声が聞かれるのも事実です。うまく「つながる」のは，そう簡単ではないのです。

　この縦割り班で遠足に行くとき，２年生ではこんな指導を行います。

---

①縦割り班遠足の計画を知らせる。

②楽しみなことや，やりたいことを出し合う。

③心配なことを出し合う。

④楽しく過ごすためにできること，困ったときどうするかを考える。

⑤「ルールを守って，話をよく聞く」「最後まで頑張って歩く」などの具体的な行動目標をめあてカードに書く。

⑥遠足から戻ったら，めあてが達成されたかどうか振り返る。

⑦「これができたから楽しく行けたね」とできたことを価値付ける。

　２年生はまだ目的に応じて動くのは難しいです。「仲間を増やす」などの目標は具体的ではありません。具体的な行動目標をもって交流の場に行かせる方がうまくいきます。

> **まとめ**
>
> ①児童会行事ではつながり方の事前指導をしっかりとしておく
>
> ②めあては「仲良くする」ではなく「仲良くするために何をするか」

春休み
4 月
5〜7月
夏休み
9〜12月
冬休み
1〜3月

ピンチをチャンスに！6月危機にやってみる

（1） ルールのピンチ

　2年生の子どもたちは，先生に注意されたらある程度行動を改善するでしょう。まだそういう年齢です。しかし，すぐに忘れて同じ注意を受けることもしばしば。これが繰り返されると先生もイライラし，子どもも怒られてばっかりという気持ちになり，気が付けば学級が落ち着かなくなっていた，なんてことはないですか。

　同じ注意が繰り返されてくるのは，やはりこの時期ではないかと思います。注意が増えてきたと思ったら，

> 注意をやめて，2年生に解決方法を考えさせるチャンス

到来です。

　クラスの問題をみんなの問題として，解決方法を考えてみましょう。2年生なりに，いろいろなアイデアを出してきます。

　例えば，廊下を走る人が多くて困ったとき，担任が全体に注意をしても「ぼくは走ってないもん」「○○さんが走っていたよ！」など，ルールを破る人を責めて，自分は関係ないという態度をとる子どもがいます。
　こんなときは，学級内のつながりを強めて，「一緒によくなっていこう」という気持ちを育てたいと思います。「みんなの問題」と捉えるために，私はこんな提案をします。

T：みんなに相談があります。最近，廊下を走っている人が多くて，ぶつかったら危ないなあと思って心配なんです。

C：いるよ！　見たことあるよ！

T：走る人は廊下は走らないっていうルールを知らないのかな？

C：知ってる。

T：知っているけど走ってしまうのはどうして？

C：急いでるんじゃないかな。ぼくは走ってないけど…

C：早く遊びたいから。早く体育館に行ってボールを取りたいんだよ。

T：そっか。走る人もいるけど，いつも歩いている人もいるんだね。

C：うん！　ぼくは大丈夫！

T：だけどね，先生実は6年生に「2年生が走ってます」って言われたんだ。誰か一人が走っていると，「2年生が」って，みんなが走っているように言われてしまうね。

T：それに，歩いている人もぶつかったら怪我をするよ。物にぶつかったら大事な物が壊れるかもしれないね。どうかな。

C：やだ。困る。

T：だから，これって走っている人だけじゃなくて，みんなが関係ある問題なんじゃないかな。

　この後，解決法を話し合うやり方は，学級会のような全体の話合いでも，班ごとに意見を出し合って発表する形でもよいと思います。いずれにせよ，

> この問題はみんなの問題で，解決するとみんなの居心地がよくなる

ということに気付かせることに時間を割きます。

　強く叱ってやめさせても，この意識がなければ「怒られたからやめる」の繰り返しです。この悪循環を断ち切るために，子どもたちを一つのコミュニティの仲間としてつなげ，自分たちの問題として考えます。

春休み

4月

5〜7月

夏休み

9〜12月

冬休み

1〜3月

（2） 承認欲求のピンチ

この時期に，楽しい学校生活を送るためのアンケートQ−U（河村茂雄作成，図書文化社）や，学校生活アンケートなどを実施する学校が多いと思います。学級がスタートして数カ月経ち，集団ができてくるからです。

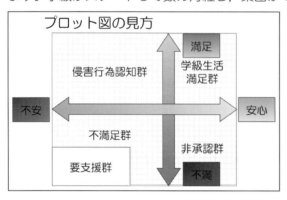

【図1　河村1998をもとに岡田作成】

Q−Uを例に挙げると，いごこちのよいクラスにするためのアンケートの結果で，承認得点がすごく高いわけではないけれど「まあ満足」くらいの位置に多くの児童が分布している学級は大きな問題はないと思います[1]（図1）。

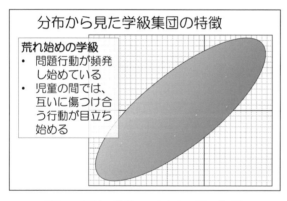

【図2　河村・武蔵2013をもとに岡田作成】

問題なのは，学級に満足している子どもと，不満を抱えている子どもに大きく分かれている場合です。子どもたちの承認得点に大きな開きがあると，Q−Uのプロットは左のような分布になります[2]（図2）。

【参考文献】
[1]　河村茂雄『楽しい学校生活を送るためのアンケート「Q−U」実施・解釈ハンドブック（小学校編）』図書文化社，1998年
[2]　河村茂雄・武蔵由佳『学級集団づくりエクササイズ　小学校』図書文化社，2013年

満足感に差があるということは，先生が与える「ものさし」が，決まった方向だけに向いている可能性があるかもしれません。学習が得意なはつらつとした子どもだけが活躍していませんか？　先生によく話しかけてくる子どもの誘いにばかりのってしまっていませんか？

　このような傾向が見られたら，

> ### 学級内に新たなものの見方を増やすチャンス

です。

　どういうことかというと，例えば学習が得意な子の承認得点が高く，苦手な子の承認得点が低い場合，「学習のものさし」で子どもに上下関係ができてきている可能性があります。こんなとき，学習を頑張らせるよりもよい方法があります。「別のものさし」を持ってくるのです。

　学級イベントのリレーや大縄，お絵かき大会，生活科の虫調べ，丁寧なノート，残さず食べること，何か詳しいこと，様々な場面で子どもを認め，みんなが知る機会をつくるのです。すると，上下関係が多方面に及び，「○○だったら○○さんが得意だよ」「○○なら○○さんがすごいよ！」と，いつしかそれは上下ではなく，多方面に伸びた矢印でしかなくなっていくのです。

　「認められていない」と感じている子どもは，自分からつながるエネルギーを出しづらいです。その子の得意を学級に広げたら，周りがその子につながります。

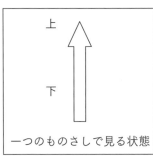

一つのものさしで見る状態

多くのものさしがある状態

（3）　授業のピンチ

　1学期の数カ月が過ぎ，授業の課題も見えてくる頃です。発言する子ども
が限られている，授業に集中できない子どもがいる，または騒がしく一斉授
業が成立しない状態になるなど，ピンチがやってくる学級もあるでしょう。

　「困ったな」と思いつつ，やり方を変えずにいたら，その問題は大きくな
るばかりです。先生が「頑張っているんだけど，どうもうまくいかない」と
感じたら，

> ### 先生の説明を減らし子どもたちに説明させるチャンス

です。

　私も授業をしていて「聞いてないな」と感じることがあります。そんなと
きは，決まって自分だけが説明して，子どもの出番が少なくなっています。
2年生の子どもは「聞いているふり」なんてしないので，飽きれば別のこと
をし始めます。

　そこで感じたのが「子ども同士をつなぐ大切さ」でした。30人以上の子ど
もたちが授業をしていて，自分一人で全員の話を聞くことはできないし，全
員に個別に支援することも難しい。子どもを待たせれば遊び始めるし，発言
できない子どもは不満を口にし始めます。分からない子どもは参加しなくな
るし，分かっている子どもは飽きてきます。

　つまり，先生一人でできることには限りがあるのです。子ども同士で意見
を聞き合えれば，待ち時間は減ります。発言のチャンスは増えます。教え合
えれば，習熟の違いを生かすことができます。そこで，授業への全員参加を
目指して子ども同士をつなぐ方法を試行錯誤していきました。

2年生の子どもたちの，授業でのつながり方には，2種類あると思います。一つは，互いに向き合う関係のつながり方。もう一つは同じ方向を向くつながり方です。

①**向き合うつながり方**
　ペア活動は，隣，前後，斜めの席の子，など相手を何パターンか変えて行うと楽しめます。席を立って自由に相手を探すのはよくありません。相手が見付けられない子どもが出たり，仲良し同士が集まったりしてしまうからです。これでは，つながる力は伸びません。あくまでも，誰とでもつながることができる学級を目指して活動していることを忘れないようにしてください。

Ｔ：**隣の人と答えはどうなったか見せ合いっこしてください。**
　（お隣さんとノートを見せ合って自分の答えを伝え合います。）
Ｔ：**隣の人と答えが同じだったペア手を挙げてください**
　（答えが同じだった子どもたちは手を挙げます。）
Ｔ：**違う答えだったペアは手を挙げて**
　（答えが違っていた子どもたちが手を挙げます。）
Ｔ：**まだ見せ合っていないペアいるかな？**
　（自信がないなどの理由で見せ合えなかったペアが手を挙げます。）
※ここまでで，学級の全員が手をあげることになります。
Ｔ：**じゃあ，みんなで確かめよう。2人で見せ合って，答えに自信のあるペアいるかな？　説明してくれるかな？**

　このような短いやりとりの中で，子ども全員が自分の意見を聞いてもらうチャンスがあり，話すチャンスがあり，全員が1回は挙手できます。また，間違いに気付くチャンスもあります。
　こうして，授業の参加率を高めると授業の雰囲気はがらっと変わります。繰り返すたび，恥ずかしくて話せないという子も減っていきます。

春休み
4月
5〜7月
夏休み
9〜12月
冬休み
1〜3月

②同じ方向を向くつながり方

　もう一つ，授業への参加率を高めるつながり方は，みんなで同じ方向を向くつながり方です。例えば算数「長さ」の学習場面で，こんな方法が考えられます。

T：今度の参観日，たくさんの人に見やすいように学校で一番大きな黒板で授業がしたいんだけど，2年1組と，会議室と，体育館のどの黒板が一番横の長さが長いと思う？

C：教室じゃない？

C：会議室の黒板はよく見たことないなぁ。

C：体育館の黒板は小さかったよ。体育館のルールが貼ってあるよ！

T：はっきり分からないよね。じゃあ全員の予想を聞いてみようかな。

　挙手で全員の予想を聞いてもよいですが，タブレット端末で先生が用意したグーグルフォームのアンケートに答える形にすれば，瞬時に円グラフでみんなの予想が可視化できます。また，ミライシードや，ロイロノートなどのアプリでカードに記入した予想を共有すれば，全員の予想を一覧で見ることもできます。

T：予想が分かれているけど，どうやったら確かめられると思う？　黒板を持ってきて大きさを比べることはできないし…

C：手を広げて大きさを比べたら？

C：長い紐で長さを調べて，教室に持ってきたら比べられるよ！

C：どれが正解かやってみようよ！

　このように，全員の考えが画面に反映され，取り上げることができるのはデジタルのよさですね。「本当はどうか確かめよう！」と意欲が高まるのは，共通の目的でみんなの意識がつながったときです。

（4） 平等感のピンチ

　ある研修で，「ずるーい」という言葉は「いいな」に置き換えるといい，と聞いたことがあります。確かに羨ましいから「ずるーい」と責めてしまうのかもしれません。

　しかし，教室で「ずるい」と言われることの数々は，本当に羨ましいことなのか疑問です。誰かが何かを特別に許されているとき，何かを特別に与えられているとき，それは合理的配慮であって他の子どもには必要のないことではないでしょうか。

　つまり，子どもたちから「ずるーい！」という言葉が出るとき，多くの場合それは

> 相手の事情への理解不足

があるのではないかと感じます。

　さて，皆さんの学級の子どもは，どこで「ずるい」と言うと思いますか。

①めがねをかけている子がいる
②車いすで移動している子がいる
③給食の野菜の量を減らしている子がいる
④宿題の量が少ない子がいる
⑤算数の問題演習でヒントをもらっている子がいる
⑥持久走の練習で，途中で歩いている子がいる
⑦授業中に席を立っても先生に注意されない子がいる

春休み
4月
5〜7月
夏休み
9〜12月
冬休み
1〜3月

①を「ずるい」という子どもは，いないと思います。②を「いいな」と言う子がたまにいますね。③くらいから「ずるい」という言葉が出るかもしれません。⑥や⑦だけ「ずるい」という学級もあるかもしれません。全く言わない学級もあるでしょうか。

若い先生が学級経営の悩みを話すときに，「この子だけ許すと周りが納得しないからできないんですよね」と言うことがあります。よく分かります。周りの子どもから「ずるい，なんで○さんだけ。じゃあ私もやらない」など言われることを恐れて，対応に差をつける勇気がもてないのだと思います。

では，なぜ①のめがねをしている子には，「めがねをしていてずるい！」と言わないのでしょうか。「そんなの当たり前じゃないか」と思いますか。実はその通りで，「あの子は視力が悪いからめがねが必要で，私には必要ない」ということを当たり前に全員が理解しているから，「ずるい」と思わないのです。

同じように，②〜⑦も，相手のことをよく理解し，自分には必要のない配慮だということを当たり前に理解すれば，相手を責める言葉はなくなります。担任が努力するのは，皆に同じ対応をする平等ではなく，

> みんな同じように困ったときには助けてもらえるんだな

という平等感を広げることです。

いろいろな個性ある子どもがいて，様々な対応が求められます。だから，学級内での相互理解は欠かせません。多くの仲間の中で学ぶことは，子どもたちにとって，様々な個性の人がいるということを学ぶチャンスなのです。

①めがねをかけている子がいる

　（視力が悪い）

②車いすで移動している子がいる

　（足を負傷しているから歩きたくても歩けない）

③給食の野菜の量を減らしている子がいる

　（苦手だけど少しでも食べられるように頑張っている）

④宿題の量が少ない子がいる

　（皆と同じ量をやるにはとても時間がかかり深夜になってしまう）

⑤算数の問題演習でヒントをもらっている子がいる

　（計算の LD があるため「いくつといくつで10」のカードを見ながら繰り上がりや繰り下がりの計算をする）

⑥持久走の練習で，途中で歩いている子がいる

　（足の痛みがあるが見学せずに歩いて練習に参加することにした）

⑦授業中に席を立っても先生に注意されない子がいる

　（じっとしているのが苦手で動いてしまうが，少し歩くと自分で席に戻ることができる。責められると興奮して戻れなくなる）

　「つながる力」と言いますが，つながる先には相手がいます。（　）の中を当たり前に理解し，相手に合った配慮ができることが本当に必要な「つながる力」ではないでしょうか。

まとめ

①この時期に活動が停滞してきたら，「もっと子どもに委ねていい」というサイン。子ども同士が考える時間を増やそう

②相手を理解し相手に合った配慮ができる子どもにしていこう

春休み

4月

5〜7月

夏休み

9〜12月

冬休み

1〜3月

地域とのつながりでやってみる

（1） 生活科で「つながる学習」大失敗

　生活科の学習指導要領解説を読むと，生活科の教科目標には「（3）身近な人々，社会及び自然に自ら働きかけ，意欲や自信をもって学んだり生活を豊かにしたりしようとする態度を養う」という項目があります。自ら働きかけるというのは，まさに「つながる力」です。

　私が初めて生活科の授業をした年，お年寄りの介護施設におじゃまして，お年寄りの皆さんと交流をしたことがありました。このとき，学校に戻ってから職員室でこんな話をしました。
　「小学生が大勢で押しかけて，迷惑だったかもしれない」

　行ってみた私の率直な感想でした。お年寄りも楽しんでいるとは見えなかったからです。「孫くらいの年齢の子どもたちが遊びに行ったら，お年寄りの皆さんも喜んでくれるだろう」私のそんな予想は崩れました。
　折り紙に「いつまでも元気でね」などのメッセージを書いた一方的なプレゼントは，「荷物になるからいらないよ」と受け取ってもらえない子もいました。これは完全に私の授業の落ち度です。

> **そこには相手意識が抜け落ちていた**

のです。
　押しかけて，一方的にプレゼントをあげて，相手をしてもらうだけの大失敗だったと思います。ただ，この失敗は私の学びになりました。

（2） 相手に意識を向けること

　おじいさんおばあさんとの交流のあと，子どもたちと振り返りをしました。子どもたちからは，
・遊んでもらって楽しかった
・話をあまりしてくれなかった
・プレゼントをもらってくれなかった
などの振り返りが出ました。ここから，「おじいさんおばあさんは，どうしてお話しなかったのかな」と考えました。
・お年寄りは，耳がよく聞こえないんじゃないか
・ゆっくり話した方がいいんじゃないか
・疲れていたんじゃないか
など，子どもは相手のことを考え始めます。本当の交流は，ここからだと思いました。

　2度目の訪問では，歌を歌いました。お年寄りも知っていそうな「夕やけこやけ」です。おじいさんおばあさんの中に，口ずさむ人もいました。そして，「長生きしてください」などのメッセージは，手紙ではなく話しかけることにしました。ゆっくりと話しかけました。
　1度目の訪問よりは，うまく交流できたと思いました。そこには相手を思う態度があったからです。つながりは，相手を思うところから始まるのだと実感しました。

> **まとめ**
> ①地域とのつながりは，一方的にやりたいことをするだけではだめ
> ②相手の気持ちに寄り添うと，つながりが続く

春休み

4
月

5
〜
7月

夏休み

9
〜
12月

冬休み

1
〜
3月

8 **話合い活動でやってみる**

（1）　小さな話合いを繰り返す

　話合い活動は，やらせれば上達するわけではありません。意見が出なかったり，意見がぶつかったり，誰か一人が意見を押し通したりすることが起こります。

　それは，話合いが下手なわけではありません。話し合い方を知らないだけです。低学年の担任をするとき，最も重要なのはそこだと思います。

> **やり方を丁寧に教えなければ，できない**

のです。

　ドッジボールのルールを教えずにコートに入れたら，動けないかトラブルになるか，いずれにせよ楽しむことはできません。それと同じです。

　そこで，小さな話合いから練習します。ここで言う「小さな」とは，子どもたちに任せる部分が，

> **短時間，少人数，単純な課題**

という意味です。

　小さな話合いで，自分たちにかかわる課題を自分たちで決める経験をします。そこで，「話し合い方」を十分に指導していきます。

　例えば，「学級のプランターに植える花を決める」というときを例に挙げてみます。

T：学級のプランターが8個あるから，何の花を植えるか，みんなで決めようと思うんだけどいいかな。

C：いいよ！

T：今植えると，秋までずっと咲きつづける花を紹介するね。

（花の名前と写真を見せる）

T：4人で一つのプランターに植えるんだけど，先生が花を決めるんじゃなくて，みんなに好きな花を選んでもらおうと思うんだけど，どうかな。

C：やったー！　どれにする？

> ポイント①
> ・「自分たちで決められること」「話し合うこと」を嬉しいことだと捉えられるように誘い方を工夫する。

T：グループで話し合う前に，お願いがあるからよく聞いてください。

　①誰かが一人で決めないで，必ずみんなの希望を聞いてください。

　②絶対にこれじゃなきゃ嫌だ！って言わないで，仲間の意見も聞いてください。

　③自分が一番好きな花じゃなくても，「これでもいいよ」って思ったらそう言ってください。みんなが「これでもいいよ」って思う花を言えたら，決められると思います。

　④どうしても話合いがうまくいかなかったら先生を呼んでください。

> ポイント②
> ・決めるときに相手の意見を潰して自分の意見を通すのではなく，上記のような建設的な話合いの方法を教える。

　このように，何かを話し合って決めるという経験をしていきます。違う意見の仲間と闘わずに話し合うのはとても難しいです。何度も経験して，だんだんとできるようになることなのです。

春休み
4月
5〜7月
夏休み
9〜12月
冬休み
1〜3月

（2） 大きな話合いは先生がモデルになる

　小さな話合いを繰り返すと同時に，大きな話合いも経験を積ませてあげたいと思います。ここで言う「大きな話合い」とは，

> 学級全員の合意形成をするような場面

です。

　2年生は，先生が指示すればその通りに動くかもしれませんが，人とつながる力を身に付けるためには，やはり自分たちの課題を自分たちで決める経験を重ねてあげる必要があります。

　「先生が決めた方が早い」ということもあろうかと思いますが，2年生くらいから建設的に話すスキルを身に付けてきたかどうかは，中学年，高学年になってから大きな差となって表れると思います。意図的に話合いの時間を設定していきたいと思います。

　さて，さっき「学級のプランターに植える花をグループごとに決める」という小さな話合いをした続きから，私の学級ならどう話が進んでいくか，子どもを思い出しながら書こうと思います。

C：先生，グループで決めた花で，もう決まりなんですか？
T：決まりだと思っていたけど，どうして？
C：クラスで同じ花にしなくていいのかなって思って。1年生のときは，みんなで同じ花を植えたから…揃えた方がいいと思って。

> ポイント①
> ・子どもの訴えは話合いを設定するチャンスと捉える。

T：なるほどね。クラスで揃えた方がきれいだと思ったの？　みんなの
　　意見も聞いてみようか。

C：はい！

T：どのグループも花が決まったみたいだね。そこで今質問があったの。
　　今決めてもらった花をもっと絞って，クラスで一つの花に揃えた方
　　が学級園がきれいなんじゃないかっていう意見が出たんだけど，み
　　んなはどう思うかな。

C：いいね。1年生のときは，みんなでマリーゴールドを植えたよ！

C：えー，グループで好きな花を植えると思ってた。

C：学級でいろんな花があってもいいんじゃないのかな？

T：いろんな考えがあるね。それじゃあみんなで話し合って決めよう。

ポイント②
　「学級会」も最初のうちは先生が司会と書記をしますが，今後子どもが
自分たちで司会や書記をできるようモデルを示すつもりで行う。

（板書に話合いのテーマを書く）

◎学級のプランターに植える花は，そろえるか，そろえないか。

T：意見のある人は言ってください。

C：揃えた方がいいと思います。その方が，きれいに見えるからです。

C：えー，でもいろんな花があってもきれいだよ！

T：ちょっと待ってください。まずは意見をみんな聞きましょう。
　　他の意見があったら手を挙げてください。

ポイント③
・意見に対し直接反論する声が出たら必ず止める。
・賛成や反対は，すべての意見が出た後に受け付ける。

春休み

4月

5〜7月

夏休み

9〜12月

冬休み

1〜3月

C：揃えなくていいと思います。グループで好きな花を決めたからです。

T：では，揃えた方がいいという意見と，グループごとに違う花を植えてもいいという意見がありますね。二つの意見に，いいなと思うこと（賛成）や心配だと思うこと（反対）がある人は手を挙げてください。

C：揃える方がいいです。訳は，揃っていると，2年1組って仲がいいんだなーって思ってもらえると思うからです。

C：揃えるのは心配です。せっかくグループで決めた花があるのに，一つに絞ったら，違う花に決まるかもしれないから，残念な気持ちになるからです。

C：揃えなくてもいいと思います。グループで決めた花なら，頑張ってお世話しようって気持ちになれるからです。

C：揃えても，揃えなくても，きれいだから大丈夫だと思います。

C：揃えた方がいいと思います。だってポーチュラカを選んだグループが多くて，どうせならそれに揃えたらいいから。

C：今の意見は，他の花を選んだグループがかわいそうだから，やめた方がいいと思います。

（○の意見，△の意見として板書に書いていきます）

5月2日
◎学きゅうの花をそろえるか
そろえないか

・そろえる
○きれい
○なかよく見える
△きめた花にならない
△・・・
○ほとんど同じだから

・そろえない
○きめた花をおせわしたい
○いろいろあってもきれい
△ばらばらだから
○・・・
△・・・

きまったこと
☆・・・・・・・・

T：言いたいことはもうないですか。全部出ましたか。
　　どちらもいいことと心配なことがありますね。この意見をよく見て，
　　最後にみんなの気持ちを聞きたいと思います。
　（多数決をとる）
T：では今回は揃えないことに決まりました。揃えた方がいいと思った
　　人も，たくさん考えてくれてありがとう。グループで決めた花のお
　　世話を頑張れそうかな。
C：大丈夫だよ。揃ってなくてもきれいだと思うからいいよ。

　一つに決めるとき，最後は多数決をとることが多いと思います。話し合っ
た結果，全会一致で一つに意見がまとまることの方が稀でしょう。ですが，
互いのメリットとデメリットを十分に出し合うこと，「相手の考えにもいい
ところはある」「自分の考えにも心配な面があるんだ」と理解してからの多
数決は，もめないことが多いと感じます。

　すべての話合いがこのようにうまくいくとは限りません。どうしても譲れ
ない子が出ることもあります。ですが，それは話合いの失敗ではなく，経験
です。経験を積めば少しずつ，別の意見を受け入れる心を身に付けていきま
す。折り合いをつけることや合意形成は生きていく上で大切なつながり方の
スキルです。勇気をもって，練習をしていくことが大切です。

まとめ

①小さな話合いを繰り返し，建設的な話合いを練習する
②大きな話合いでは，先生が司会や書記のモデルを示す

春休み

4月

5〜7月

夏休み

9〜12月

冬休み

1〜3月

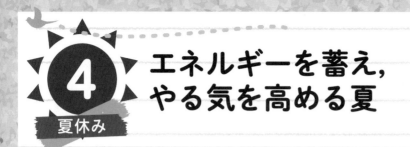

エネルギーを蓄え，やる気を高める夏

4 夏休み

1 気になっていたことをやる

（1） 仕事を楽にするために

　毎日の業務をしていて，これができたら便利だなと思うことがたくさん出てきます。ですが，とりあえず今までのやり方でやり過ごしていることが結構あります。そんな引っ掛かっていたことを，夏休みにやっています。

　子どもたちと同じで，長い休みにしかできない調べ学習です。

〇今年の課題

・パソコンのスキルを上げる

　年賀状や暑中見舞いを出すときに，差し込み印刷で住所を印刷している先生を便利そうだなと思って見ていました。

・勤務校の物のありかを確かめる

　転勤し，日々の業務に追われて，人任せで過ぎてしまっていることがありました。備品点検をしながら，何がどこにあるのかを確かめます。

・過去の文書整理をする

　勤務校の過去の文書を整理します。分掌にかかわる過去のやり方を見ておくと，2学期からの仕事がすっと楽になります。

・学区の地域を知る

　新しい赴任先の地域をドライブします。お店や公園の場所が分かると，子どもや保護者との話も見え方が変わります。

（2） わくわくを見付けに

　私は秋の行事がとても好きです。どんな発表をしようか考えるのはとても楽しいです。どこかで見たことから，こんなこと私もやってみたいと思うとわくわくし始めます。夏休みは，そんな刺激を受けに出かけます。

○過去のわくわく

・書道パフォーマンス

　体育館で床に敷いた広い布に，高校生たちが大きな書を描く書道パフォーマンス。これは絶対にやりたいと思い，6年生担任のときにやりました。

　ステージで文字を書き，演題を掲げる棒に結んで引き上げました。墨汁だと垂れてくるので，速乾性のポスターカラーで書きました。そういう計画は楽しい限りです。

・廃材アート

　新潟県長岡市に廃材の木材を使って作品をつくっている方がいます。その方の展示を見に行きました。そんな話を周囲にしていると，長岡市の建築屋さんで廃材を無料で分けてくれることを知りました。すると学校に入っている業者さんが，その廃材をもらってきてくれました。それはその年の図工の研究授業の材料になりました。（写真は廃材ロボット）

・何と言っても長岡花火

　私の地元長岡市は全国的に花火大会が有名です。長岡空襲や中越大震災からの復興や犠牲者への慰霊の気持ちが込められた，歴史のある花火大会です。何度見ても心を揺さぶられる花火の数々。この花火は，総合的な学習の時間や，社会科，図工などで，何度となく教材化してきました。そこには子どもたちに受け継いでいかなければいけない思いが詰まっています。

② やりたいことをやる

（1） インプットとデトックス

　読みたかった雑誌や書籍をたくさん読めるのは夏休みです。本屋さんに行くと，読みたい本をやたら買ってしまいます。マンガも好きなのでいろいろ読みますが，結構活動のアイデアにつながります。家を掃除していると，棚の本を読み始めて，掃除が止まってしまうこともしばしば。買ったまま読んでいない本も溜まってしまうので，夏の夜は読書にぴったりです。

　学級経営と会社経営は共通することがあると思っていて，経営関係の本もよく読みます。夜はプールと温泉に入っていろいろと瞑想します。インプット，デトックス，インプット，デトックス，新学期からの英気を養う夏です。

（2）　人に会う

　日頃私は，人付き合いがあまりまめではありません。忙しくなるとすぐに連絡を怠ってしまいます。大切な方への失礼が多々あるかと思います。

　そこで，夏休みは人と会うようにしています。同級生や親戚，ご近所付き合いなど，同業じゃない方からの刺激は新鮮です。年1回しか顔を見に行かないのに，つながりを維持してくれる方に感謝の気持ちでいっぱいです。

　さて，人に会うと，発見があります。悩んでいたことが，ばかばかしくなることもあります。今年も印象的な言葉たちに出会いました。

「夏休みの宿題なんてさあ，親の宿題だよね」

　最近，夏休みの宿題は，思い切ってなくしてもいいのではないかと思っています。

「似てるからねぇ」

　親子喧嘩を見ていたときの祖母の一言。言い得て妙。
　ぶつかり合うのは似ているから。教室でもそうですよね。

「早く夏休み終わらないかなー!!」

　主婦をしている友達の渾身の一言。保護者の本音ですね。
　職場から離れて誰かに会うのは，楽しく刺激的です。

まとめ

①遊びと学びは表裏一体。好きなことでインプットをしよう
②体も心も，デトックスしよう

春休み

4月

5〜7月

夏休み

9〜12月

冬休み

1〜3月

Column 1

新採用1年目，
苦い思い出と先輩への感謝

　私は採用1年目に2年生の担任になりました。分からないことや，うまくいかないことがたくさんあって，今ほどは，毎日を「楽しい」とか子どもたちを「かわいい」とか思う余裕がなかったような気がします。

　毎日，授業の準備や子どもとのかかわりに精一杯になっていました。自分の思うようにいかなくて，大きな声で子どもたちを叱ったことも多かったと思います。

　そのクラスに，自分の学習用具を準備したり身の回りの整頓をしたりすることが苦手な子どもがいました。物をなくしてしまったり，提出物が揃わなかったりしました。

　ある日，図工で粘土をしようとしたとき，お道具箱に入っているはずの粘土ケースがありません。仕方なく1時間は他のことをして過ごしました。「家から持ってきておいてね」私は言いました。
　そして次の図工の授業がある日，その子はまた粘土がありません。私は「時間表はちゃんと合わせているの？　2回目ですよ！」と叱りました。

　すると教務主任だった40代の先生が教室へ入って来て，給食のお盆のようなトレーに，粘土を置いたものを無言でその子に渡したのです。そして私に，にこっと笑って出て行かれました。叱っている声を聞き，持ってきてくれたのでしょうか。

私は無性に恥ずかしくなりました。その教務主任の先生は，その子に粘土を微笑みながら渡す姿を私に見せたのだと感じました。

　「なぜ貸してあげないの？」「叱っても粘土ができるようにはならないよ！」と本当は言いたかったかもしれません。ですが一言も私を注意することはありませんでした。

　後で職員室に戻ると「あの子の家貧しいから，粘土あげちゃっていいよ」と言われました。胸を突かれる思いでした。どんな厳しい指導を受けるよりも辛く心に刺さりました。

　私はその子の状況もよく把握せず，紋切り型に「忘れ物は悪い」と注意し，言葉でも心でもつながることができていませんでした。今思い出しても涙が出ます。

　そんな，至らないところしか思い出せないような新採用の私が，本当に幸せだったのは，素晴らしい先輩たちが周りにいたことです。「あんな先生になりたい」そう思える憧れの存在が，身近に溢れかえっている学校だったのです。

　１学年４クラスある学校でした。同じ学年のことは，周りの先生を見て学ぶことができました。全校24学級，他の学年の先生も，常に「見せて」くれました。いいえ，先輩たちはただ子どもたちと向き合っていただけなのかもしれません。その姿が私の憧れで，手本でした。

　今でも先輩の姿を鮮明に思い出せます。言葉もはっきりと覚えています。今の私は，後輩にそんな姿を見せられているだろうか，そんな自分になりたいと日々思うのです。

つながる力が発揮されるとき

 夏休み明け，学びを生かすときがやってきた！

　夏休み前までに，いろいろな場面で人とつながり，少人数での話合いや，チーム体験を繰り返してきた子どもたち。夏休み明けからは，それが生かされてくるときです。

　行事や学習を生かしながら，仲間とつながる力を伸ばしていきましょう。どんな活動を仕組もうか担任もワクワクしませんか。子どもたちを信じて，任せる活動を増やしていきましょう。

（1）　チーム体験から，チームへ

　夏休みが明けたら，ドッジボールのチームや学習のチームなど，メンバーを替えながらいろいろな仲間とチームを組みましょう。子どもたちは夏休み前までの短時間のチーム体験を生かし，仲間を増やそうとするでしょう。

　そこで，夏休み前よりも任せることを増やしてみます。得に大切なのは，
①チームで協力して乗り越えるような活動
②チームでうまくいかないことを解決する活動
です。チームで課題を解決するためには，仲間とつながる必要があります。**「つながらなければうまくいかない」**それを体験させるのです。

（2）　ゆるいつながりを増やす

　2年生は，与えられたメンバーで仲間になるのが上手です。例えば公園で

遊んでいたとき，他の学校の2年生がいたら，いつのまにか一緒に遊ぶようなことが起こる年齢です。

　では，公園で出会った知らない子と，その後いつも遊ぶようになるでしょうか。もちろんなりません。つながるけれど，さらりと離れ，興味があることが他にあれば，そちらに気持ちが向く。2年生はそんな様子ではないでしょうか。

　そんなゆるいつながりでは不安かというとそうではありません。考えてみてください。特定の子どもとだけ仲良くしていた場合，「今日は○○さんが欠席だから遊ぶ人がいない」という状況をつくり出してしまいます。
　一方，誰とでも話をしたり活動できたりする関係が学級にあれば，一番仲良しの子が欠席したとしても，ひとりぼっちになることはありません。

　私が2年生で育てたいのは，太い1本の線より，ゆるい何本もの線を出すつながりです。その方が安心感につながると思うからです。2年生くらいの年齢のゆるいつながり方を生かして，何本もつながりの線を増やせるように活動を仕組んでいきます。

★ 春休み
🌸 4月
💧 5〜7月
☀ 夏休み
🍁 9〜12月
⛄ 冬休み
✿ 1〜3月

まとめ

①様々なチーム体験を通し，つながりを広げよう
②ゆるいつながりの線を増やすことが安心感につながる

9月，つながりで種が芽を出す係活動

（1） 子どもの「やりたい！」に応える

　9月は新しい係活動が始まります。夏休み前とは違う仕事につく子もいますし，今までの係の仕事を続けたいという子もいます。基本的には，自分のやりたいことを係活動にします。係活動は，それぞれが得意なことを生かせる場だからです。

　子どもたちは，「あれがしたいこれがしたい」と言ってきます。折り紙係は無駄遣いだと言いたくなるくらい折り紙を欲しがりますし，遊び係も遊ぶ時間をやたらと欲しがります。そこで，「お金をかけることはできないよ」「活動は休み時間か学活の時間に」など

> **どこまで自由になるかの枠組みは伝えておく**

と子どもが動きやすいと思います。先に伝えておけば，後から「それはできないな」「それはだめだよ」と却下せずに済みます。

　私が与える自由になる枠は，
① 活動に使える時間
② 使っていい道具や材料
③ 使っていい場所
などです。時間は月に1回程度，係で好きなことをする時間を取ります。自由になる材料は，ミスプリントの紙や新聞紙，チラシ，箱などです。
　子どもたちは廃材が大好きです。私の学級では，空き箱でアンケートを入れる箱を作ったり，チラシで釣り竿を作ったりしていました。

できるだけ，子どもたちが「やりたい！」と思ったことを形にできるよう，環境を整えるのが教師の仕事です。自由に使える材料は，希望に応えられる範囲で用意します。

そのようにして，係活動で楽しめることを考える中で，クイズ係の子どもがジェスチャーゲームをしたいと言ったことがありました。初めての試みだったので，どんなやり方でやるのか，私はやり方を聞いてみました。

すると，「じゃあ先生，これが何か分かる？」とジェスチャーを見せてくれました。ピアノを弾いているような動作でした。私はいくつか答えを言いましたが「ブー！　はずれ」ばかりでした。

子どもは私が「ピアノじゃなければ，パソコン！」と答えても，「惜しい！」と正解にしてくれなかったのですが，答えは「パソコンをしている人」でした。

こんな風にお試しで楽しんだ後，私は学活の時間にジェスチャーゲームをする時間をつくりました。さて，うまくいくでしょうか。

（2）　先回りして修正せず見守る

いざ，クイズ係のジェスチャーゲームが始まると，教室は盛り上がりました。盛り上がりすぎて教室はうるさくなりました。見ている子どもたちが，答えを次々に言うからです。クイズ係の子どもたちは，答えさせ方まで考えていなかったのです。

私から見ると，運営に苦戦しているのですが，子どもは子どもで楽しんでいるようで，正解を言う声が聞こえたら「あたりー！」などと言って次の問題へ進んでいきます。しかし，騒がしいので「え？　答えなんて言った？」と，答えが聞き取れない子も出てきます。

春休み

4月

5〜7月

夏休み

9〜12月

冬休み

1〜3月

私は，途中で何度も，ストップしてやり方を変えさせたいと思いました。ホワイトボードを使えば，みんなで答えを考えたり，答えを発表したりできるじゃないか，せめて発言は挙手制にしたら答えをはっきり聞き取れるじゃないかと。けれど，係の子どもが頑張っているので

> ### しばらく見守ろう

と思って口出しはやめました。
　こんなとき，様子を見ずに職員室で仕事をしている担任では困りますが，助けが必要なときに助けられる位置で見守るならば，むしろ途中で修正などしない方がよさそうです。途中で口出しをしなければ，子どもは何とか自分たちの力でやろうとするものです。

（3）　改善点に気が付くことができるのはなぜか

　用意した問題を出し終わり，盛り上がったジェスチャーゲームは終了しました。みんなが楽しんでいた実感があるのか，クイズ係の子どもたちはやり遂げた顔をしていました。そこで私も，改善点がたくさんありましたが，「みんな楽しんでいたね。ありがとう」と労いました。

　するとクイズ係の子どもが，「みんなうるさかったー！」と言いました。どうやら，教室が騒がしくなるのは，望んだ形ではなかったようです。
　「みんなが勝手に答えるから，私たちの声が聞こえなかったよね」と，自分たちで言いました。まさに，今回のイベントの改善点を子どもは気付いていたのです。改善点に気付けるのは，

> ### 今までの経験から，成功のイメージをもっているから

です。

春から蒔いていた種は，こうして芽を出し始めます。自分たちで実行したことがうまくいかないとき，「こんな話の聞き方ではうまくいかない」「順番を守らないと楽しめない」など，先生とやったときとの違いに気付き，改善点を見付けることができるのです。

　だから，9月からの子どもたちは少し見守っていて大丈夫。先回りして修正をしなくても，自分たちで改善点に気付くことができるはずです。

（4）　子どもたちの自己調整を引き出す

　クイズ係のイベントは，このジェスチャーゲームで終わったわけではありません。その後も帰りの会で，ほぼ毎日クイズを出していました。

　ある日，クイズ係が言いました。

　「今日は，答えが分かっても，すぐに言わないでください。」
　「答えが分かった人は，手を挙げてください。答えるときは私のところへ来て小さな声で答えを言ってください。」

　係の子どもに耳打ちするように答えを言えということです。うるさくならないように自分たちで考えたようでした。子どもは，やりたいことを成功させるためなら，自分たちで改善しようとするものです。

　もちろん，本当にうまくいかないときは手助けをします。ですが，春からいろいろな場面でやり方を示し，やって見せてきたのですから，

> すぐに手を出さずに待ってみる

ことが必要です。すぐに手を出したら，つながる力の芽を摘んでしまいます。待てば，春はすぐに「先生―！」と答えを求めた子どもたちが，「ねえどうする？」と話す姿が出てくるはずです。

春休み
4月
5〜7月
夏休み
9〜12月
冬休み
1〜3月

（5） 失敗を失敗で終わらせない

　危険なことやトラブルになるようなことは即座に止めますが，そうでもなければ自由に試行錯誤させておいて何も困ることはありません。

　むしろ，どうすればうまくいくかを考える過程に価値があるのであって，ここで先生が正解を言ったら，うまくいく喜びも，仲間と試行錯誤しながらつながるチャンスも奪ってしまいます。本当に困ったときに助けられるよう，見守っていればいいのです。

　発表会の本番となれば失敗させないよう配慮が必要です。しかし，係活動は多少失敗しても大丈夫。むしろ失敗や困難大歓迎です。なぜなら，**係活動は繰り返し行うので，いくらでもリカバリーできるから**です。

> 失敗させないことより，リカバリーまで寄り添うことが大切

です。リカバリーできたとき，失敗はもはや失敗ではなく，貴重な経験となります。だから「またやろうよ」と言って，子どもたちが相談できるようなチャンスを何度でも与えればよいのです。

（6） 種は必要なときに芽を出す

　クイズ係のクイズは，「みんながワーワーと答えを言うとうるさくなる」という経験から，「答えが分かった人は係の人のところに耳打ちしに来る」という方法に変化しました。テレビなどで見かける，メガホンを耳に付けて解答者の声を聞くような，あの方法です。

　すると，「あ！　分かった分かった！」と席を立って係の子どもに答えを耳打ちしに来る子どもの行列ができるようになりました。

一人一人「はい正解」「はずれー！」「正解！」と繰り返していくのですから，今度は時間がかかります。当然途中で，「もう締め切り，締め切り。ここまでね」などと言って列の後ろの人は席に戻らされたりしています。

　そこで子どもたちがやっと言ったのです。
　「ホワイトボードに書いてもらえばいいんじゃない？　先生みたいに。」
　やっと，私が何度もやっているやり方でクイズをやろうとするのです。「ならば最初からそうすればいいじゃないか」と思う気持ちもありますが，そこは違うのです。

　子どもたちが考えるやり方でやってみて，課題が残って改善してみて，やったことのあるやり方を思い出して，試行錯誤してたどり着いたから，子どもの経験となったのです。

> 　今まで体験してきたことは，ちゃんとアイデアの種として残っている

ものです。
　その種をクイズ係の仲間と出し合って，たどり着いたから，成功体験となるのです。先生が与える情報というのは，後で思い出して「自分でやってみて」初めて，経験となるのです。

まとめ
①大人の指示より子どもの自然な相談に価値を見いだそう
②チーム体験がすぐに生かされなくても焦らず見守ろう

春休み
4月
5〜7月
夏休み
9〜12月
冬休み
1〜3月

3 つなげてきた成果が授業であふれ出す

（1）　9月にまだ仲間になれない子はこんな見方をしている

　春の時期，授業でかかわらせると，仲間とうまくつながることができない子がどの学級にも必ずいると思います。2年生の子どもたちを見ていると，一人一人が先生に見て欲しい，先生に話したい，先生とつながりたいと思っていて，すぐに「先生―！」と呼びたがります。

　仲間とうまくつながれない子も，先生とはつながることができ，むしろ先生と一緒を好みます。なぜかと言えば，先生は自分を傷つけないからです。
　先生は自分と対立することもなく，自分を褒めてくれたり，話を聞いてくれたりするので，安心して甘えに行けます。ですが，同じ2年生は思い通りになりません。

　だから最近，

> 　同年代の子どもとつながるのが難しい

という子どもが珍しくありません。

　そんな子どもたちを見ると，自分から仲間とのつながりをつくり出していくスキルが不足しているように見えます。
　特に気になるのは，4月からいろいろな取組をしてきたにもかかわらず，9月になってもまだ，決まった子としか話せない子です。そんな子どもに，クラスはどう見えているのでしょうか。

私が担当した2年生にも，春はつながるのが苦手な子どもがいました。4人のグループで図工の作品を鑑賞していたときです。その子は，互いの作品のよさを伝え合う活動で，どうしても同じグループの仲間のよさや工夫を伝えることができませんでした。

　私は，「絵がうまいかどうかを言うんじゃないよ。色を丁寧にぬってあるとか，細かく描いてあるとか，その人の頑張りが見付からないかな。今日は見る勉強だから，よさや工夫を見付けるんだよ」とアドバイスしました。すると「だって，いいところが分からないもん」と言いました。

　この子が特別引っ込み思案ということはなく，むしろ私にはべたべたと手をつないだりして話し掛けてくる子どもでした。
　ところが，4人のグループで机を合わせても，一人の友達とだけ話をして，あとの2人とはほとんど話をしません。**絵のよさが見付からないのではなく，仲の良い友達以外の絵は，ほとんど見ない**ようでした。

　実際，こんなことは珍しくないと思います。今まで同じような子どもに何人も出会ってきました。このような子は，クラスメイトを

> 　友達か，友達じゃないか

で見ていて，「仲間」という存在でつながることができません。

　ですが「そういう子だ」で片づけてはいけません。2年生が何かをできないとしても，それは**「まだできない」「まだ知らない」**だけです。
　よし，「仲間」とつながることができる子どもにしていこう，私はそう決めました。

春休み

4
月

5〜7月

夏休み

9〜12月

冬休み

1〜3月

（2）「仲間」というつながり方を教える

　授業で子どもをかかわらせると，ものの見方が広がったり考えが深まったりすると思います。学習意欲も高まるかもしれません。協働的な学びは，いろいろなところで成果を上げる手立てとして必要とされてきました。

　公開授業などで，あまりに「かかわらせたい」という思いが強く出ると，「かかわらせるのは手立てであって目的ではない」と言われたこともありました。

　ですが今，子どもたちが「自分からつながる力」や「適切なつながり方」を身に付けることも大切な目的だと感じます。この力がなければ，社会の中で幸せに生きていくことが難しいと思うからです。

　だから私は，授業中であっても，つながる力の育みを常に意識します。気の合う友達でなくても，一緒に活動できる「仲間」になれるように，

　仲間とはどういう存在か，繰り返し話す

ようにしています。

　「隣の人と話すときは，別の人の方を向かずに，隣同士で話してください。あなたが隣の人と話さなかったら，隣の人は一人になってしまうよ。」
　「学習の話をするのは，いつも一緒に遊んでいる友達じゃなくても，この教室の誰とでもできるよね。」
　「関係ない人なんてここにはいません。全員が２年１組の仲間なんだよ。」

　春から繰り返し繰り返し，言って聞かせて，させてみるのです。

（3） 子どもの変化を見取り価値付けるために

　２学期も，以前にもやった図工作品の鑑賞の授業をしました。１学期に同じグループの仲間の作品に，何もコメントできなかった子は，今度はコメントできるでしょうか。このように，

> 同じ活動を時期を変えて行うと子どもの変化を見取ることができる

のでおすすめです。私は期待を胸にやり方を説明しました。

①まず，４人で机を向き合わせ，自分の工作の作品を紹介し合います。
②次に，白い紙を配り，左上に自分の名前を書きます。
③工作の作品と，名前を書いた紙を自分の机に置きます。
④グループごとに付箋紙の束を配ります。
⑤付箋に仲間の作品のよさや工夫を書いて，相手の白い紙に貼ります。
⑥グループ全員に付箋を贈ったら，時間が余っていれば席を立って他の仲間の作品を見に行って付箋を貼ってきてもよい。
⑦自分の席に戻り，自分の紙に貼ってもらった付箋を読みます。

　数カ月前にやった鑑賞タイムとは，明らかに違っていました。「付箋もっとください」コメントを貰うのも，贈るのも嬉しそうです。以前できなかった子も，グループの仲間に付箋を書くことができました。それを見逃さず，「できるようになったね！」と価値付けます。

（4）　合意形成ができるのはなぜか

　このように「仲間になれる力」は，授業だけで育まれたものではなく，春からの学活や行事，休み時間や授業での意図的なかかわりを通して身に付いてきたものです。

　ですが休み時間等には，それぞれ仲の良い友達と遊んでいますから，その育まれた力を感じる機会が多くはありません。

　その少しずつ育んできた力は，授業の中のふとした瞬間に，「ああ，できるようになったなあ，成長したんだなあ」と実感させられることが多いです。

　国語の時間には，こんなことがありました。

　「ことばあそびをしよう」（光村図書）の学習で，全員があいうえお作文をつくりました。作った文は，何人かは発表できますが，全員が発表する時間はありません。そんなとき，誰にも発表しないで終わる子どもは意欲が高まらないだろうと思うので，4人グループでできた文を発表し合いました。

　「4人全員の文を聞き合ったら，クラスのみんなに紹介する作品を一つ決めておいてください。」

　私はグループで一つ，すてきだな，おもしろいなと思う作品を決めるよう指示を出しました。

　すると，なかなか決められないグループが一つありました。

　「決まりません」と言ってくる場合は，何か相談がうまくいかない場合が多いものです。どれどれと近付いて話を聞いてみました。

　「先生，4人とも上手にできていて，決められないんですよー。」

　子どもたちはそう訴えてきました。

　「みんなうまくできて決められないんだね。」「確かに，どれもいいねえ。」

嬉しい気持ちで，そう受け答えながら，どう決めようかと一緒に考えました。

　すると，一人の子が言いました。

　「みんな上手だから，じゃんけんで決める？」

　なんと最後はじゃんけんで決めることに全員が納得しました。これをどう受け取るかです。「ちゃんと話し合って決めなさい」と思いますか。

　私は，子どもたちがいきなりじゃんけんをした訳ではないところが重要だと思います。全員が聞いてもらって，全員が仲間に「うまくできている」と認めてもらい，先生にも「いいねえ」と認めてもらい，ある程度満足した後だから，便宜的に誰が発表者になってもよくなったのではないでしょうか。

　これは，学活での「よく話し合った後の多数決」に似ています。互いの考えを十分に聞いてもらっているから，最終的にどう決まっても納得できる，

　　これぞ合意形成

だと思います。私は互いのよさを認め合った姿を大いに認めました。

　こんな風に，子どもたちのやり取りを聞きながら，「交流させよう」「つなげよう」とこちらが指示しなくても，こんなにも自然に仲間と認め合う姿を見せてくれるのかと，私は驚きと，発見と，喜びでいっぱいでした。

まとめ

①授業の中では仲がいいも仲が悪いもなく，全員が仲間になる

②付いた力が自然と出てきた瞬間を見逃さず価値付ける

春から秋の教室掲示でつながった心

（1） 子どもの個性を掲示に生かす

　第3章-1春休みの頁に，子どもとつくる教室掲示を紹介しました。模造紙に子どもたちが描いたものを貼ってつくる掲示です。この掲示は，春につくっただけでも互いの個性が出て楽しい掲示ですが，テーマを変えて何度かつくるとさらに効果が表れます。

　一人一人が違うものを貼るので，自分のものが変じゃないかと不安をもつ子も最初はいます。

　よく見られるように，友達と同じ色の塗り方をしたり，同じものを描いたりする子も最初はいます。それは想定内として，そういった姿を見たら

　「いろんなものがあるとおもしろいな。教室と一緒だね！」

と言っていました。

　2年生の子どもたちには，先生の伝えた価値観がすっと入りやすいので，そう何度も言わなくても，同じ絵を描く子はすぐにいなくなりました。

　子どもたちは，みんなと違うことが不安なのです。ですが不思議なもので，掲示にそれぞれがみんな違う絵を貼ったとき，似たような2枚の絵があるとその方が目立つのです。「あれ同じだね」と見てすぐに分かってしまいます。

　そこで，どの子も自分の好きなように絵を描くようになっていきました。「違っていいんだ」と，人と違うことを自分自身で受け入れられるようになったのです。

　この年は，毎月テーマを変えて掲示をつくっていました。写真は9月の掲示です。子どもたちは自分のサツマイモを描きました。赤紫や青紫，大小様々なサツマイモが並びます。

　中には，もう切り口が見えてホクホクと蒸かしてあるお芋もあっておもしろいです。9月には，このように，個性を楽しめることが当たり前になっていることが分かります。

（2）　互いを大切にする

　子どもにとって，ただの楽しい掲示だったものも，回数を重ねると意味が変わってきます。「先生，今月なんにする？」と聞いてきて毎月楽しみにしていることが分かり，私もワクワクします。

　描いている様子を見ていると，「どうしようかなー」とアイデアを絞っています。困っているのではなく，どんなものを「見てもらおうか」アイデアを出しているように見えます。

春休み

4月

5〜7月

夏休み

9〜12月

冬休み

1〜3月

私は，作品は「自分の宝物だ」と繰り返し伝えました。それはみんなが宝物だというメッセージでもありました。そして「上手くなくていいから丁寧に描く」よう促しました。また，個性があることも素晴らしいと伝えていました。「違うのは変」ではなく，「アイデアが面白いね」「丁寧に描いたものは，どれも素敵だね」と繰り返しました。それは，「自分と違うものも，自分と同じように大切だ」というメッセージでもあるのです。

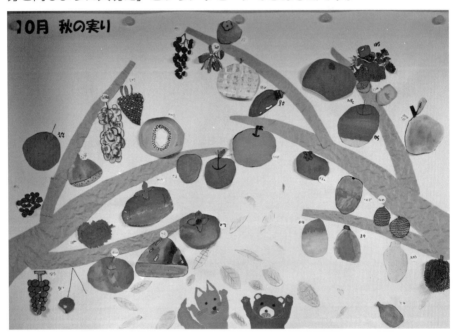

　これは10月に，好きな果物を描いた掲示です。マンゴーや切ったキウイフルーツもあります。ですがもうこの頃の子どもは，「それは秋の果物じゃないよ！おかしいよ！」なんて責めたりする子は一人もいません。

　どうですか，掲示としておかしくないと思いませんか。それは，みんなが丁寧に描いているからです。雑で適当に描いてあると，こうはいきません。学級の掲示が大切な物になっているから，どの子も雑には描かないのです。

（3） 相互理解を進める

　こうして，個性を生かした掲示は，みんなの大事な自己表現の場になっていきました。これを作成するときにも，

①必ず全員のものがある
②必ず丁寧に描き，大切に扱われる
③一人一人の個性が尊重される

という学級で大事にしたいことを何度も伝えることになります。担任の信念とはそういうものです。どんな活動も，意図をもって行うから意味があるのです。

　そして嬉しいのは，「○○さんらしいね」という言葉が出るようになったことです。大きく堂々と描く子，細かく繊細な絵を描く子，いつも原色を塗る子，淡い色を好む子，その個性を互いに理解してきたということです。

　　互いを理解し認められる心は，他の場面でも生かされる

ものです。

　絵の個性を認められる気持ちが，仲間を認める心も育てるのです。

　教室掲示で子どもをつなぐことなんてできるのか？と思った方。

　できるんです。子どもの変化がどんどん実る2学期です。

まとめ

①作品を認め合えるようになると，仲間を認め合う心も育つ
②すぐに変わらなくても焦らずに，続けた効果は必ず表れる

春休み
4月
5〜7月
夏休み
9〜12月
冬休み
1〜3月

5 **10月，発表会成功の裏につながりあり**

（1） 音楽が苦手な子に音楽をやる意味を説明する

　10月は，音楽発表会を行う学校が多くあります。いろいろな学校で素晴らしい演奏を聞くたびに，「あんな発表をしてみたい」「今度あの学年の担任をしたらあの曲をやってみたい」などと考えながら聴いています。

　私がそんな音楽好きということもあって，発表会練習にはつい熱が入ってしまいます。聞き映えする曲を選んで子どもに聞かせ，「こんなかっこいい曲を演奏していっぱい拍手もらおうよ！」と盛り上げます。

　ところが，学級には必ずと言っていいほど音楽が苦手だったり嫌いだったりする子が存在します。鍵盤ハーモニカの練習もなかなかやる気が出ません。そして，「なんで音楽なんてやらないといけないの？」と言うのです。

　私は，この質問に答えるのは難しいと感じています。なぜなら，嫌いな子どもにとって，生活や将来に役に立つ部分が他教科以上に見出しづらいからです。そこで私は自分の考えでこう答えます。

> 声や音がぴったり合ったときに，人を感動させることができるから
> そして自分もすごく成長できるからだよ。

　これは，本音です。
　でも言っただけでは伝わりません。だから，「できるようにならないと，その感動を味わえないんだ。だから味わってほしいな」と話します。

（2）　つながりの力で「やってみよう」と思わせる

　そしてその年も，音楽が苦手な子がいました。その子は2年生になるとき
に他校から転入してきた子どもでした。

　鍵盤ハーモニカは持っていましたし，1年生のときも音楽の授業はあった
はずですが，ドの場所も覚えていませんでした。

　音楽会の曲の練習が始まり，一人一人の机をまわって吹けているか聞いて
いたとき，その子は「自信ない，できないよ」と言ってきました。私は，
「教えるよ」と言い指の動かし方から一緒に吹きながら教えました。グルー
プ練習のときも，仲間と輪になって練習しました。

　その子は少しできるようになると「ここまでできた」「ここまで覚えた」
と嬉しそうに聞かせてくれました。
　そしてこう言いました。

> できないと思っていたけどできた！
> ぼくね，前の学校ではあきらめていたんだよ。
> 音楽のときは，こうやって（指を適当に動かして見せる）手だけ動
> かして吹いていなかったんだよ。
> でも，やったらできた！

　こんなことを子どもが気付いて言うのです。

　この子はできないのではなく，やっていなかっただけでした。それが「や
ろう」と思えたのはなぜでしょう。私が机間巡視をして，指だけ動かしてい
たのでは，吹いていないことがばれてしまうから，ということもあります。
　また，5分程度の練習タイムに，仲間と少し音が合って，楽しい気持ちに

春休み
4月
5〜7月
夏休み
9〜12月
冬休み
1〜3月

なったからということもあります。さらに，全員でゆっくりと合わせるときに，自分も一緒に吹けて嬉しかったからかもしれません。

　いずれにせよ，人とのつながりが彼を動かしたことは確かです。もし，「できるようになるまで別の部屋で個別練習」と言っていたら，いつまでもやらなかったのではないでしょうか。

　全曲出来上がったわけではありません。最初の方が合っただけで，こんなにも喜びを表すのです。そして，もう一人私のところに「教えて」と言いに来ていた子と一緒に，「どこまでできた？　じゃあ一緒にやってみよう」と，苦手な仲間同士で一緒に練習を始めました。

　もう大丈夫です。人と一緒にやってうまくいく経験をした子どもは，またつながろうとするでしょう。

（3）　帰ってこないミニ先生

　楽器が苦手な子だけでなく，先生に聞いて欲しい子どもも，私のところに「教えて」とやってきます。

　楽器の練習は，どうしても技能に個人差ができるので，個別に教える時間を取りたいときに，もう吹ける子どもは仲間と一緒に自主練習してもらっています。そうすると，苦手な子どもが個別に見てもらっているのがうらやましくなるようで，できる子でも「これでいいか聞いて」とやって来ます。

　あるとき一人の子が，個別指導をしていた私と子どもの周りをぐるぐると回り始めました。そして，「こうだよ」と正しく演奏したりします。それでは個別指導ができないので，「少し待っててね」と諭しました。

　その子は，しばらくじっと順番がくるのを待っていましたが，苦手な子の練習はそんなすぐに終わりません。しびれをきらしてその子は，また他のところへ行ってしまいました。

個別指導が終わり，あきらめて離れて行った子どもをフォローしないといけないと思い，私はその子を呼びました。
「○○さん，待たせてごめんね。聞かせてくれる？」
　するとその子は言いました。

> 　今，ミニ先生やってるから，先生後でね！

　思わず笑ってしまいました。
　どこかへ行ったきり，戻って来ないわけです。順番を待たせる先生よりも，まだうまくできない仲間に聞いてもらって，教えてミニ先生をやっていた方が，ずっと楽しいに違いありません。

　できるようになった子も，まだできない子も救われる。先生一人でできないことも，つながれるようになった子どもたちならやってのける。
　やっぱり協働ってすごいな。しみじみと実感した出来事でした。

まとめ

①つながりが「やってみようかな」と思わせる
②仲間とつながれると先生から離れていられるようになる

春休み

4月

5〜7月

夏休み

9〜12月

冬休み

1〜3月

6 **11月危機？力を発揮するチャンスじゃないか**

（1） トラブルへの向き合い方

　もし，子どもが30人一つの部屋で生活をしていて，何もトラブルや問題が起こらないとしたら，それはよほど統制された集団なのではないかと思います。

　中学生や高校生で，何か不満があっても，もう相手にしないとか，かかわらないとか，そんな対応の結果「問題にならない」ことはあるかもしれません。ですが小学校2年生です。何も起こらない方が不自然だと思います。

　だから，危機を恐れなくていいのです。向き合っていけばいいのです。間違っても，いじめや暴力を容認しているという意味ではありません。その逆で，大きな問題になる前に，きちんと子どもたちの不満やイライラ，おかしいと思うことなどに向き合おうという意味です。

> **子ども自身がマイナス感情にどう立ち向かうか**

の手助けをするのです。

　トラブルは起こるものだと言いましたが，身近に本当にトラブルがなさそうな，落ち着いた2年生もいるかもしれません。その2年生の担任の先生はきっと，小さなトラブルに小さなうちに向き合って，解決しているのです。

　だから，目立ったトラブルが無いように見えるだけです。どの学級でも気持ちのぶつかり合いはあります。うまくいく先生は，そこを成長につなげているのです。

（2） 自分たちの生活課題について話し合う

　1学期から問題が起こると先生と一緒に考えてきた子どもたちです。何か起これば先生に訴えてくるでしょう。

　さらに，話合いをたくさんしてきた経験のある子どもたちは，「話合いをしたい」と言ってきます。

　2年生になり半年以上経っていたら，何度も先生が司会をする話合い活動を見てきているので，子どもが司会でも話合いができるようになります。自分たちで話すことも取り入れていけるといいと思います。

　なぜなら，先生が司会をしているよりも，子どもが司会をした方が，自分たちの課題を自分たちで解決している気持ちになれるからです。

　2年生の担任をしたとき，帰りの支度に時間がかかることが問題になったことがありました。帰りの支度の流れは，5時間目が終わり，トイレに行き，ランドセルに荷物を入れます。そして全員が座ったら帰りの会を始めます。

　ところが，支度が早い子が座ってもまだトイレから戻らない子がいたり，支度が終わらない子がいたりして，帰りの会が始まらないのです。

　最初は私が注意をしました。トイレに行ったら寄り道しないで戻ってきてね，と。早い子を褒めたりもしました。支度が早くていいね，と。

　それでもすぐに支度ができない子がいました。すると早く行動した子が待たされ，損をしたような気持ちになってしまいます。

> **不満がくすぶっているときは注意よりも話合い**

だと思い，みんなで話す時間を設けました。

まずは，困っている子に，困っている気持ちを正直に話してもらいました。

T：最近帰りの会のときに，困っている人がいるんだけど，みんなで気
　　持ちを聞いてもらってもいいですか。○○さん，昨日話してくれた
　　困った気持ちをみんなに教えてくれる？
C：はい。帰りの会のとき，私が座っても，みんなが座らないから，帰
　　りの会ができないです。
T：昨日の日直だった□□さんはどう？
C：ずっと始められなかったよ。
T：帰りの会がなかなか始まらなくて，ずっと待っている人がいるんだ
　　ね。今日はこれをどうしたらいいか，話し合いましょう。

　　子どもの困った気持ちから出た話

であることを確認し，話合い活動を始めます。話すテーマが決まったら，あ
とはその日の日直などに司会を任せます。司会は，学級委員がいる学校なら
学級委員でもよいし，司会当番をつくってもよいし，やりたいという子から
選んでもよいと思います。

（3）　子どもが見出した解決策はやってみる

　子どもたちは，帰りの会を早く始めるにはどうしたらいいかを話し合いま
した。ここで，遅い人を責めるような雰囲気にならないことが大切です。
　7月までの頁で紹介したように，前向きな話合いを練習してきた2年生な
ら，責めるような発言はしなくなってきていると思います。
　そして，「遅い人はどうして遅くなってしまうのかな」と遅い人の問題を
解決しようと考えます。もしも，前向きな話合いができないときは，そこは
先生の出番です。責めるのではなく，どうやったらうまくいくかの解決策を
出すよう促してください。

さて，子どもたちが出した解決策は，**「時計を見る」**でした。

・遊んでしまう人は，時間のことを忘れている。

・トイレに行って戻って来ない人は，時計を見ていない。

・時計を見るようにすれば早くなるんじゃないか。

　そんなことで解決するならば，とっくに解決していると思うのは早計です。子どもが自分たちで決めたことです。まずはやってみることにしました。

　ここで子どもが決めたことが規範や道徳に反することでもない限り，

　　やらせてみたらいい

と思います。子どもは先生に信じてもらっていると感じることでしょう。意見が採用された子どもは，誇らしげな表情を見せます。

　子どもを信じて任せるというのは，こういったところで最後に先生が決めてしまわない勇気だとも思います。

（4）　みんなで話し合って変わったこと

　みんなで決めた解決策は，紙に書いて教室の後ろに貼りました。そして，帰りの支度をする時間になりました。話し合った後ですから，大抵の子どもは急いで支度をしていました。ですが，ここで忘れてしまうのが，いつも遅れる子どもです。これで完璧に早くなるほど，うまくいく話は現実には起こらないのです。

　すると，周りの子どもが「時計！時計！」「見て見て」と遊んでいる子に促します。ハッとして「えへへ」という表情をして，あわてて支度をします。その子が座ったら周りから「セーフ！」などの声が出ます。「教えてもらってよかったねえ」誰かに助けてもらった子にはいつも，私はそんな風に声を掛けます。

こうして見ると，一番変わったのは周りの子です。

話合いをしたからと言って，個人の性格やスピードが急に変わるわけはないのです。変わるのは，みんなで考えみんなで決めたことで，

> みんなの課題となったこと

だと思います。

先生が注意しただけのときは，言うことを聞く子と聞かない子の間に，つながりは起こりません。できていない子に対して「ちゃんとしてよ！」と文句を言ったり，先生に言いつけてきたりするだけです。

ところが，一緒に解決策を考えた課題に関しては，

> 自分たちで決めたことを達成しようとする

気持ちが働くのです。

大人から見たら，どんな未熟な解決策でも構わないので，決めたことをやらせてみてください。きっとこの反応の変化を感じられると思います。

（5） 望ましい成長は具体的な言葉で伝える

小さな話合いから始めて，授業で学習課題について話し合い，学活で話し合い，子どもたちは知らず知らずのうちに仲間と前向きにつながる力を育んできました。しかし，少しずつ成長している自分のことを自ら見つめ直す2年生なんて，あまりいません。

漢字テストの点数が上がった，徒競走のタイムが縮んだ，のように数値で見える成長と違い，つながる力は非認知能力です。ともすると，成長を自覚しないまま，価値に気付かずに過ごしてしまうこともありえます。

だから，それに気付かせるのは，先生の役目だと思います。仲間と話し合って課題の解決に向けて動き出せることは，

> ### 決して当たり前のことではない

からです。

　話を聞く力，自分の考えを言う力，前向きに話し合う力，人の意見を否定しない力，などなど少しずつ身に付けてきたから，課題の解決を任せることができたのです。

　4月にいきなり課題解決に向けた話合いをしたら，話合いがもめたり，意見が出なかったりしてうまくいかなかったと思いませんか。だからこそ，

　「みんなは，自分たちで直さないといけない所に気付いたり，もっとよくなる方法を考えたりできる，かっこいい2年生になったね！　仲間を応援して，みんなで助けることもできるね。先生が叱らなくても，自分たちで解決できるって，本当にすごいことだよ！」と，

> ### 仲間と話し合えるようになったことを大いに価値付ける

ようにします。

　そして，「話合いで解決できるってすごいことなんだ」と思える2年生にしてあげたいと思います。なぜなら，そう思えた2年生なら，11月の大変な時期を危機と思わずに，越えていけると思うからです。

まとめ

①子どもが決めた解決策をやらせてみよう
②みんなで考えたことは，みんなで守ろうとするものである
③話し合えたことを価値付けて，話合いで解決しようとする子に！

12月，お楽しみ会で合意形成

（1）　伸ばした力を発揮するために学級イベントを行う

夏休み明けから，持久走大会や発表会，文化祭，遠足，児童会祭りなど，いくつかの行事があった学校が多いと思います。行事は楽しいだけでなく，準備をたくさんしたり，練習をたくさんしたり，苦手なことにもチャレンジしたりする必要があったと思います。

その経験を通して，一人ではできないことをやり遂げる達成感や，仲間と一緒に大きなことをする楽しさ，助けてもらったり応援してもらったりする嬉しさを感じることができます。

2年生の「楽しかった」という言葉の中には，それらのいろいろなプラスの感情がぎゅっと詰まっているのだろうと思います。

学級の中でも，そのように計画や準備が必要なお楽しみ会を行うとよいと思います。

息抜きやご褒美に「今日は自由にグラウンドで遊ぼう」などの楽しい時間もよいですが，計画を立てて行うお楽しみ会は，いわば「学級行事」です。

> **全員が楽しめるように工夫して**

計画を立て，実行することで，お楽しみ会を通してまた一つ成長が見られるはずです。冬休み前は一つの区切りの時期，お楽しみ会をやるにはぴったりだと思います。

（2） 成功の法則

　さあ，お楽しみ会を計画しましょう。先生はある程度，話合いがすんなりいかないことを想定してください。すんなりいかないことだから，やる意味があるのですから。

　話合いを子どもたちに任せるにしても，私は

> ### 最初に必ず条件を言う

ようにしています。話が進んだ後で，却下することをできるだけ避けるためです。許される枠の中で自由に考えるのが，本当の自由なわけです。

　やりたいことを考える上での条件とは以下のようなことです。
①全員で楽しめるもの
②学校のきまりをやぶらないこと
③危ないことや誰かが傷つくことがあったら考え直す

　学級の状況によって多少変わるかもしれませんが，このようなことを最初に押さえておくと，2年生でもかなり正しい判断ができます。

　仮に「校内おにごっこはいいですか」と聞かれても，「それは廊下を走らないっていうきまりをやぶるからダメだよ」と立ち返らせることができます。

　つながる力が付いてきた子どもたちなら，先生が言わなくても，条件に合わない意見に対して，「それは危ないんじゃない？」「これは全員でできないからダメだね」などを意見として言うことができます。

　条件に合わない意見は，黒板に書く必要はありません。できない理由がはっきりしているので，そうして大丈夫です。

　「子どもに任せる」ということは「無条件に任せる」わけではありません。成功する先生は，そこをしっかりと押さえています。

春休み

4月

5〜7月

夏休み

9〜12月

冬休み

1〜3月

（3） 全員のやりたいことは一致するか

　お楽しみ会にやりたいことがいくつか出されたら，いつも通り，賛成の意見（○）と心配なこと（△）を出し合います。

やりたいこと

- ・ドッジボール　　　・いす取りゲーム
- ・ビンゴ　　　　　　・フルーツバスケット
- ・ものまね　　　　　・めいろ
- ・宝探し　　　　　　・サッカー

○フルーツバスケットは外国語活動でやったときみんな楽しそうだったからいいと思います。
○ドッジボールがみんなでできて楽しいからいいと思います。
△ビンゴは景品が無いからどうするのかなと思います。
△サッカーはルールが分からない人がいると思います。

　このように，○と△を十分に出してから，みんなが「これはできないな」と一致したものを消したり，残ったものから多数決を取ったりして，やることを決めていきます。

　意見が分かれたり，かかる時間の調整が必要だったりしたら，先生が，「一つに決めたら，授業の1時間を使えるね。二つ残したら，時間を半分ずつ使って二つのことをやってもいいよ。どっちが全員楽しめるかな」など，

先生が適切な介入をする

ことも大事です。話を進める方向性を伝えたり，話を整理したりします。
　このような介入をすることで，子どもたちは，全員が「まあいいよ」と言

っているドッジボールに決定するかもしれないし，フルーツバスケットとドッジボールを両方やって，意見が分かれている両方の人が満足できるようにするかもしれません。

　こうして，「全員の意見を一致させる」ことより「全員が納得する」ことを目指します。合意形成とは，意見を一つにすることではなく，

> 互いに納得する答えを導き出す

ことなのです。

（4）　いろいろな子どもがリーダーになる機会をつくる

　遊び系のお楽しみ会の他，何かを作って食べるパーティー系の楽しみ会も楽しいです。2年生は生活科で畑をやる学校も多いと思いますので，この時期なら自分たちで作った大根やサツマイモで「おでんパーティー」や「サツマイモパーティー」なら大喜びです。

　かつて2年生の担任をしたときに，サツマイモパーティーで楽しんだことがありました。掘り出した芋はほとんどを子どもが持ち帰りましたが，何本かは学級のために残しておきました。

　持ち帰ったサツマイモを家庭で食べた話を聞くと，蒸かす以外にスイートポテトやサツマイモご飯などで食べたと話してくれました。子どもが持ち帰った一本のサツマイモをいろいろな食べ方で食べたことが分かりました。

　すると当然，「学校でもスイートポテトにしたい！」という声が出ました。自分たちが家庭でやった料理を覚えていて「やり方分かるよ！」と言います。

　こうなったら，2年生ですが調理室で簡単な調理をしてみようかと思いました。

　そこで，サツマイモパーティーをする前に，簡単なサツマイモ料理を調べ

ました。家で聞いてきたり，図書室で調べたりしました。2年生でもできそうな簡単なレシピは結構見つかりました。

　調べた中から，子どもたちが作りたいものごとにグループをつくりました。スイートポテト，サツマイモ蒸しパン，サツマイモのバター焼き，などグループができました。

　作り方を紙に書くときに，私の方で細かい作業は省き，より簡単にしました。スイートポテトなら芋を潰してバターと砂糖を混ぜて焼くだけ。蒸しパンならホットケーキのもとをカップに入れて芋を乗せて蒸すだけ。これなら2年生でもうまくできます。こういうとき，家庭で料理の経験がある子どもは活躍することができますし，今回のサツマイモ料理を家で作った子どもは，すっかりミニ先生です。

> ### お楽しみ会は，普段と違うリーダーをつくりやすい

のもよさの一つです。

　こうして，みんなで作ったサツマイモ料理を一緒に食べて，大満足のパーティーになりました。後日，家に帰ってから同じものを家族に作ったという話をたくさん聞きました。

　家で作ったサツマイモ料理の紹介から，学校でも作りたいと言い始め，学校で作った料理を今度は家庭で作る子どもがいる，家庭と学校をつないだサツマイモパーティーになりました。

（5）　めざす姿を常にもつ

　今まで担任をした学級では，お楽しみ会にやりたがる内容にも個性がありました。教室でやるゲームを好む学級もあれば，体育館で運動系の内容を好む学級もありました。

　1学期に，私が提案してやっているゲーム的なものの他，児童会でやった

ことや，１年生のときにやったこと，地域の催しでやったことなど，２年生の今までの経験の中から楽しかったことを思い出して，やりたいことを決めているわけです。子どもが違えば出てくる意見も違って当然です。だから，「これがお楽しみ会だ」という決まった内容はありません。

　大切なのは，

> 内容よりも子どもにどうなって欲しいかという担任のビジョン

だと思います。全員で楽しむためには，
・全員で納得できるように計画すること
・自分勝手をせずに互いの意見を聞くこと
・誰かを責めたり怒ったりしないこと
など，子どもが今まで付けてきた仲間と適切につながる力を発揮しないといけません。私はその力を伸ばしたり，発揮したりして欲しいと願います。

　そう願っていると，適切な姿が見られたら褒めたり，不適切な姿には注意をしたり，見過ごさずに声を掛けることができます。

　楽しい時間は，ただではやってきません。楽しい時間は，子どもたちがつくり出した時間です。いい姿を見付けて，認めて，伸ばしていきたいと思います。

まとめ

①ゆずれない条件は先に示す
②話合いをするのは全員が納得する答えを導き出すためである
③子どもにどうなって欲しいかのビジョンをもつ

春休み
4月
5〜7月
夏休み
9〜12月
冬休み
1〜3月

ポイントを絞って仕事をし，ゆっくり休む！

 1 年度末を楽にするために

　お正月の三が日に仕事なんてできません。やりたいことは年内に終わらせることをお勧めします。この時期にやっておけば，バタバタする年度末が楽に過ごせること間違いなしです。

✳ 3月の自分を楽にすることベスト3

3位　シュレッダー

　様々な書類が溜まっていると思いますが，年度末はシュレッダーが混み合います。シュレッダーをかけたり，廃棄文書をまとめたりすることをここでやっておくと，年度末の雑多な仕事が一つ減ります。

2位　会計の見積もり

　学年会計があといくら使えて，購入予定は何があるかを確認しておきましょう。3月までに購入予定の教材は発注しておくと忘れることなく安心です。学年末に予算がたりなくなることも防げます。

1位　指導要録

　もちろんすべては終わりませんが，12月までの様子でほとんど下書きを作ることは可能です。まず，住所変更など，手書きで行う変更の漏れがないかをチェックします。出席簿の欠席理由の確認，所見の整理を行っておけば，3月がとても楽になります。

② いいスタートを切るために

　新しい年を迎え，子どもたちは新たな気持ちで登校してきます。子どもたちが来てよかったと思えるようなスタートにしてあげたいと思います。

＊　子どもが登校する前日でも，やっておきたいベスト３

３位　新たな取組を考える

　新たな取組を始めましょう。学校全体であいさつ運動などが計画されているなら，それに便乗してクラスであいさつキャンペーンを行うのも手です。クラスで音読強調週間などを行うのもいいです。スタートして何か向かうことがはっきりと示されると，気持ちの切り替えがしやすいです。

２位　先生の今年の目標を立てる

　子どもたちに，めあてを書かせると思います。まずは先生がめあてを紹介すると，子どもたちが興味深く聞きます。画用紙を短冊型に切っておけば，子どもが書いてすぐに掲示でき，子どもも喜びます。掲示しためあては互いに読み合う姿が見られます。

１位　整理整頓！

　教育者であり哲学者の森信三氏は，時・場・礼を正すことが学校や職場再建の三原則と説きました。きれいな教室は気持ちも整います。

> **まとめ**
>
> 　冬休みにやったことが，後々自分を楽にする！

春休み
4月
5〜7月
夏休み
9〜12月
冬休み
1〜3月

Column 2

サプライズ！
先生たちからの贈り物

　ピアノ伴奏ができる先生は，入学式や卒業式などで伴奏をお願いされることが多いと思います。さらっと伴奏をする姿は，本当に素敵です。

　私はというと，難しい曲は無理ですが，とても簡単な曲ならば，何とか弾けるくらいのピアノ経験者です。

　新採用で2年生の担任をしたときのこと，2年生の教科書教材にある，簡単な曲の伴奏をしていたことがありました。それを耳にした音楽主任の先生が，私に「音楽会で全校合唱の伴奏をお願いしたい」と言ったのです。

　最初は，音楽会で伴奏なんて無理だと断ろうと思いました。しかし，音楽主任の先生は，「自分は指揮台に立たないといけないし，伴奏を誰かにお願いしたいと思っていたの。夏休みに練習すれば，秋には間に合うよね？　大丈夫大丈夫！」と譲りません。

　依頼されたのは1学期，音楽会は11月です。ついに私も憧れていた音楽主任の先生の熱意に押され，頑張って練習する気になり引き受けました。

　ところがです。「音楽のおくりもの」の伴奏は私にとってはとても難しい曲でした。夏休みは本当に毎日毎日練習しました。そして秋が来ました。音楽会の練習が始まりました。

　全校合唱の練習のとき，思った通り私は伴奏を間違えてしまいました。音が止まるあの気持ちは，経験者しか分からない絶望感だと思います。

何度か全校練習の時間がありましたが，前よりも緊張するようになり，いつも頭が真っ白になりました。音楽主任の先生には，謝ってばかりいました。私に頼んだことを後悔しているだろうと思ったからです。

　ついに音楽会前日です。放課後の準備の時間に，最後の練習だと体育館に呼ばれました。そこで見たのは驚きの光景でした。
「順ちゃんバンド結成～！」
　職員４人がそれぞれできる楽器を持って待っていたのです。キーボード，ギター，ベース，タンバリンです。

　「バンドでやったらかっこいいと思ったんだよねー！」音楽主任の先生は笑って言います。もちろん，私はそれが嘘も方便の嘘だと分かっていました。これなら，私の伴奏が途切れても気にならないからです。

　大きな学校だったので救われました。何十人も先生がいれば一人くらいはギターやベースを学生時代にやっていた職員がいます。私の伴奏が危ないと思った頃から，事前に声を掛けてくれていたのだと思います。
　それでも前日まで出さなかったのは，私が完璧に弾けるようになったら，バンドは出さないつもりだったんじゃないかと後で思い，どこまで温かな人たちなんだと感謝という言葉では足りないくらいでした。

　私は思うのです。最も大切な職場環境は，温かな人間関係ではないかと。私はそれに何度も救われました。失敗しながらも，やっていこう，もっと成長したいと思えました。
　忙しさで気持ちに余裕がなくなることもあると思います。そんなときこそ，あのときの先生方のように，人を大切に働きたい。私の一つの目標です。

3年生に向けて 羽ばたける子に

1〜3月

 もっとつながろうと思うには

（1） 子どもたちを信頼していることを態度で示す

　冬休みが明けると，子どもたちの表情はだいぶしっかりとしてきて，いよいよ3年生が見えてきます。

　だんだんと，先生の指示をうるさがるような姿も見せてくるかもしれません。子どもたちは，ある程度考えて行動することができるからです。

　自分はできるという自信も，実力以上に大きくなっていきます。給食の食缶を「大丈夫，一人で持てるよ！」と運ぼうとする子どもを「できるかもしれないけど，落としたらみんなの給食がなくなっちゃうから，二人で運んでくださいね」と止めることさえ出てきます。

　そんな風に任せて欲しい子どもたちです。それは付いてきた力を見て欲しい表れです。**危険やリスクがない作業ならば，子どもたちに任せましょう。**

> 任せるということは信じるということです

　子どもは仕事ができて喜ぶのではありません。自分の力を信じてもらえたから，任されて喜ぶのです。

154

私のクラスではありませんが，勤務校の２年生は，仕事の取り合いをすることがあります。プリントなどを配るとき，「わたしも配りたい！」「○○さんばっかりたくさん配って，もう３枚しか残ってない」などの言葉が聞こえます。黒板当番も，黒板を消すときにたくさん消したくて「そこ消さないでとっておいて」などと言っていたこともありました。

　この労働意欲のある子どもたちは，仕事がしたいのかというと，そういうことではない気がします。きっと，このクラスの担任の先生が，人の役に立つことを褒めて認めて，人の役に立つ喜びと，自分でできる喜びを経験させてきたのだと思います。

　つながる力も同じです。仕事を「子ども」に任せると同じように，数人の「子どもたち」でやることを増やし，任せていきます。

T：プリントの丸付けは，先生だけがやると行列ができるから，３人で集まって丸付けをしてください。
C：答えがみんな違っていたらどうしますか。
T：どの答えが正しいのか，３人で解き直してみましょう。
C：先生，できました！

T：新しい教材が届いたから，４〜５人で運ぶの手伝ってくれる？
C：いいよ，任せて。教室まで運べばいいの？
T：すごい，力持ちだね。落とさないようにね。
C：先生，４人で持てるよ。先生は手伝わなくていいよ！
　こんなとき，自分たちに任せてもらえた喜びが，伝わってきます。

（2）　発揮して欲しい力を伝え，集団の力を高める

　学級全員で長縄を跳ぶ回数を競う大縄大会が実施されたときのことです。

　児童会で決めたルールは2分間に8の字跳びで何回跳べるかを競うというものでした。

　学級には，跳ぶのが苦手な子どもが数名います。苦手な子どもは，立ち止まってしまったり，入っても縄に引っかかってしまったりします。

　早くどんどんと跳んで回数を増やしていくのが子どもたちの理想です。だから跳べない子どもにとっては，かなりのプレッシャーとなるわけです。

　これだけ聞くと，大縄大会のような企画はやめた方がいいという意見もあるかとは思いますが，これを乗り越えるのも，やはり仲間の力です。

　まず，跳ぶのが苦手な子どもは，先生と一緒にゆっくりと縄に入る練習をします。そしてある程度跳べるようになったら，みんなの列に入ってみます。最初はやはり引っかかります。一瞬，気まずい空気が流れます。

　「どんまいどんまい」「頑張れ」など声が掛かります。でも持久走のような個人の競技と違うのは，その子なりに頑張ればいいとは言い切れないところです。誰かが引っかかれば，学級の回数が減るからです。こんなとき，

> 苦手な子どもを責めない雰囲気をつくるのが担任の仕事

です。**たとえ回数が増えても責め合う仲間なら大縄大会は失敗だ**と，はっきりと伝えます。

ここは公教育の場，小学校です。スポーツクラブではありません。勝つ目標は意欲にはなりますが，発揮して欲しい力は縄跳びの力ではありません。
　「責められたら頑張れないよね。みんなが声を掛け合って，力を合わせた方が，回数が増えるんじゃないかな。先生は，他のクラスに勝っても負けても，みんなが一生懸命に努力したり，ねばり強く練習したり，優しく励まし合ったりできる２年生になったところが見たいな。それが一番かっこいい２年生だと思うよ。みんななら，できるよ！」
　今まで大切だと言い続けたことをここで発揮して欲しいと伝えるのです。

　子どもたちは相談し始めました。
　「苦手な人の番になったら，縄をゆっくりにしたらいいんじゃない？」
　「入るタイミングに掛け声を掛けたらいいんじゃないかな。」
　「得意な人と苦手な人が順番に並んでみようか。」
　休み時間にいろいろと話したり順番を変えたりしながら試しました。

　学級の跳ぶ回数を増やす方法を考えた子どもたちは，苦手な子が跳べると「跳べた跳べた！」「いいね」と喜ぶ様子が出てきました。そして，誰かが引っかかったとき，**その子を責めずに，やり方を変えてみようとします。**

　「先生，休み時間にね，○○ちゃん跳べたよ！」
　「○○さんね，みんなと同じ速さで跳んでるんだよ。先生見に来て！」

　教師をしていると，こんな風に誰かのことを喜んで言いに来る場面に出合いませんか。誰かの成功が自分の喜びになる，素敵な仲間です。
　「すごい！　みんなの力だね。○○さんもよく頑張ったね！　やったね！」
　回数が伸びた背景にある子どものかかわり方を賞賛します。
　苦手な子どもが，申し訳ない思いにならず，自信をもてるようになる学級。集団を高めるとは，そういうことです。

春休み

4月

5〜7月

夏休み

9〜12月

冬休み

1〜3月

（3）　いい噂を子どもの耳に届ける

　２月になると，お世話になった６年生に全校で感謝の気持ちを伝える会が行われます。この年，２年生はプレゼント作りを児童会から依頼されました。そこで，２年生でもうまく作れて６年生に使ってもらえるものを考え，透明のクリアファイルをマスキングテープで飾ったものを贈ることにしました。

　かわいらしい柄のマスキングテープを何種類か購入し，クリアファイルを飾ると，子どもたちから「このままじゃ寂しいから，何かをクリアファイルの中に入れて６年生に渡したい」という意見が出ました。話合いの結果，６年生へのお手紙と，折り紙で折った手裏剣を入れることにしました。

　中に手紙や折り紙が入ると，マスキングテープで飾ったクリアファイルは思った以上にプレゼントらしく素敵になりました。「先生見て見て，上手にできたよ！」「これ，私が使いたいなあ！」うまく作れて満足そうです。

　そして，お祝いの会の当日です。１年生はダンスを踊りました。３年生は体育館を飾りました。４年生は歌を歌いました。各学年がお祝いの気持ちを表していきます。そんな中，２年生は手作りプレゼントを渡してメッセージを伝えました。

　後日，２年生のところに６年生から手紙が届きました。「手作りプレゼントありがとうございました。毎日お便りを入れて使っています。」「２年生がこんなかわいいプレゼントを作れてすごい！　３年生になっても頑張ってね」
　メッセージを読んで私も「６年生が，みんなのプレゼントをとっても喜んでいたよ。６年生の先生も，とっても上手だねってびっくりしていたよ」と伝えました。そう言われた子どもたちは，とても誇らしそうです。

春休み

4月

5〜7月

夏休み

9〜12月

冬休み

1〜3月

2年生がいないところで出た話は，大袈裟なくらいに伝える

方がいいのです。自分たちのよい噂は，子どもの心にかなり響きます。

　これは，心理学で言うウインザー効果です。当事者自らが発信した情報よりも他者を介した情報の方が信憑性を得やすいというものです。これは実際に使っていて，子どもたちにも大変有効だと感じています。

　例えば掃除を頑張っていたら，「2年生の廊下がいつもきれいだって，他の先生が言っていたよ。歩く人も気持ちがいいんだね！」と伝えれば，子どもたちはますます廊下をきれいに拭くようになります。

　また，歌声に自信を付けてさらに伸ばしたいときは，「2年生の教室から校長室まで歌声が届いたんだって。きれいな歌声が聞こえたよって校長先生がほめていたよ！」と校長先生の言葉を伝えれば，子どもたちは翌日も校長室に届く歌声で歌おうとするでしょう。

　もちろん嘘は言えないので，何かを言われたときに忘れず伝えるのです。誇らしさや自信は，他者に喜んでもらえたり認めてもらえたりして得られることが多いです。だからこそ他者とつながり，自分のしたことを担任以外の誰かにもほめてもらえる機会を増やします。いい噂の広がりは，子どもの大きな自信となるのです。

まとめ

①信じて任せれば，子どもは力を発揮する
②担任の賞賛は効果的，ときに担任以外のほめ言葉はもっと効果的

つながる力の成長を自覚するには

（1） キャリア教育の視点で振り返る

いよいよ，まとめの時期になりました。2年生の子どもたちは，今を精一杯生きていますから，意識させないと1年間を振り返ったりはしません。この時期に，自分の成長を振り返りたいと思います。

> **成長は自覚することで確かになる**

からです。

最近では，キャリア教育の推進のために，自分の成長を記録するノートを継続的に付けている自治体が多くあります。そのノートは，年度初めや年度末に自分の夢や自分の成長を記録することが多いですが，書く前に振り返りの材料を用意しておかないと，なかなか思い出せないまま，「今年は字を丁寧に書けるようになりました」など，思いついたことを書くだけになってしまいます。

キャリア教育で身に付けたい力というのは，2011年の中央教育審議会答申「今後の学校におけるキャリア教育・職業教育の在り方について」の中で述べられていて，「基礎的・汎用的能力」が必要とされています。

キャリア教育についてよく勘違いされることですが，小学校のキャリア教育では，なりたい職業を見付けるような内容は求められていません。

では，「基礎的・汎用的能力」とはどんなものなのかというと，その具体は4つの能力に分類されています。

①人間関係形成・社会形成能力
②自己理解・自己管理能力
③課題対応能力
④キャリアプランニング能力
です。特に小学校では，人，社会，自然，文化とかかわる体験活動を身近な
ところから徐々に広げていくことが重要と書かれていて，学校での係活動や
清掃活動などで自分の役割を果たしていくことが例に挙げられています。

　つまり，この本のテーマにある「つながる力」，そして実践例に挙げてき
たような自分の得意を生かしたり苦手にチャレンジしたりすることや，課題
を解決する取組は，そのままキャリア教育であり，社会で自立するために必
要な力だということです。

　せっかくなら，キャリアプランニングノートには，そんな観点での成長が
書けるといいと思います。テストの点数では見られない，いわゆる非認知能
力です。こういった力は，書き留めて自覚しないと，点数のようにはっきり
と示されないからです。
・クラスのみんなと仲良く遊べるようになった
・話合いで自分から意見を言えるようになった
・苦手なことでも，チャレンジしてがんばれることができた
・すぐにあきらめなくなった
・係の仕事でアイデアをたくさん出した
　このような自分への気付きが，社会で生きるための基礎です。自分の成長
を思い出せるように，教室に行事の写真を貼ったり，今までのワークシート
や行事の振り返りシートなどが綴じてあるファイルを用意したりします。子
どもがたくさんの成長を自覚できたら，こんなに嬉しいことはありません。

春休み

4月

5〜7月

夏休み

9〜12月

冬休み

1〜3月

（2）　全員に向けた認め合い活動をする

　この時期の認め合い活動は，1学期とは意味が違います。1学期に行う「がんばったねカード」「いいところ探し」などは，つながりをつくるためのもの，互いを知るためのものでした。一方この時期になると，子どもたちは互いの得意なことや頑張ったことをよく知っています。さらに，悪いところも知っています。

　だから私は，この時期の認め合い活動は，

> いいことも悪いこともあったけど，お互い頑張ったね

と仲間との1年間に，いい区切りをつけるものだと思っています。

　学級の中には，気の合わない相手もいたことだと思いますし，何度も喧嘩をした相手もいたことと思います。けれど，1年間一緒に活動してきて，「あの子嫌い」とか「あいつ意地悪なんだよ」と決別したまま進級していくのはあまりに残念です。

　いつも喧嘩になる相手とは，できるだけクラスを離した方がいいとか，合わない相手とグループを分けるというのも学校のトラブル回避という意味では正しいと思います。

　けれど，どの仲間に対しても，最後はいい思い出を残してあげたい，喧嘩したことは過去の思い出にしてあげたいと担任としては思います。

> 　だからこそ，「もう今年度も終わるし仲間づくりなんて…」なんて思ってはいられません。この時期だからこそ，互いの認め合い活動をこれでもかというくらいやっていきます。

まずは担任から，認め活動ブームを起こしま
す。今までもいろいろと活動してきているとは
思いますが，新しいことだと子どもも新鮮で喜
びます。

　私はそれまで賞状を出していなかったので，
小さい賞状を用意しました。そして，何かある
たびに賞状を出していきました。しばらく続け
ると，私の経験上，必ずこんなことを言う子が
現れます。

「私も書きたーい」

「先生にも賞状あげる！」

賞

しょう

さま

あなたは，一生けんめいに
とりくんで，自分の力を
のばして，すばらしいです。
こころにキラリをふやして
大きくせいちょうすることを
きたいしています！

年　月　日
2年1組たんにん　岡田 順子

　こうなったら，今度は子どもたちにも賞状を書いてもらう番です。

　好きなように書くと，もらえる子どもに偏りが出るので，名前のところを
あらかじめ記入してクラス全員の賞状を用意しておきます。

　そして，ランダムに配ります。自分のところにはクラスの誰かの名前が入
った賞状が配られます。そうしたら，名前の書いてある人のいいところを見
付けて記入します。

　ランダムに配るので，仲の良い友達のことを書けるわけではありません。
普段一緒に遊ばない仲間の賞状を書くことも大いにあります。

　それがいいのです。賞状を渡しに行くとき，互いに予想していなかった相
手から賞状を受け取ると，どの子も「ありがとう」と言って書かれてあるこ
とを読み，嬉しそうにしていました。

　これを週に1回ずつ何度か繰り返します。毎回違う相手から賞状が届き，
子どもたちはこの時間を楽しみにしていました。学年の終わりになっても，
まだまだ，つながりに変化を起こすことはできるのです。

全員でメダル作りもしました。

黄色の画用紙を大きく丸く切って、中心に自分の名前を書いたものです。これを寄せ書きのように全員に回します。

全員分のメダルがあるので、30枚くらいを書くのですが、一行ずつ、プラスのメッセージを書きます。数日かけ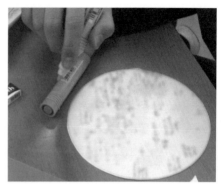てもいいと思います。子どもたちは、自分のメダルにみんなのメッセージが入って戻ってくるのを楽しみに待っていました。

座席順にメダルを回していくと、落ちがなく全員のメダルに全員が書くことができます。

自分のメダルが戻ってくると、子どもたちはじっくりと読んでいました。「足がはやいね」「やさしいですね」「3年生になってもなかよくしようね」など、ほんの一言ですが、30人以上のメッセージが入ったメダルはやはりとっても嬉しかったようでした。

一通り、読んだ後、私が赤いリボンテープを付けて首に掛けられるようにしました。子どもたちは嬉しそうに首に掛けたまま授業を受けようとしたり、大事そうにランドセルにしまったりしていました。

「あの子からこんなことが書いてある」「私ってこんな風に思われているんだな」と、自分のいいところを再認識し、仲間への見方も新たになったことと思います。

（3） 先生からフィードバックをする

自分自身を振り返り、仲間と認め合い、互いの成長を自覚してきた子どもたち。最後は、今までそばにいた先生が、成長をフィードバックし価値付け

ることだと思います。

　６年生へのプレゼント作りの際，色が何色かある折り紙の束を配ったときのことです。

　「今，折り紙を配ったんだけど，人気の色を取り合って喧嘩になるかなって少し心配していたの。だけど，どのグループも色の取り合いにならなかったね。話し合って分け合うことができたね。みんな成長したね，立派だね。」

　教室で朝のあいさつをしているときは，

　「２年生の教室に来ると，あいさつが聞こえて元気が出るね。みんなが元気にあいさつをしていると，１年生も真似すると思うよ。さすが２年生だね。」

　当たり前にできるようになったことも，以前はできなかったことがあるはずです。何もトラブルが起きないときは，

> 仲間と気持ちよく過ごすためのスキルを発揮している

のです。ところが，「何事もない」ため取り上げて指摘しないまま過ぎていくことがあります。

　ぜひ，先生も気が付いて欲しいです。**「そのスキルは当たり前じゃないよ，すごいことだよ」と声に出して伝えて欲しい**と思います。

まとめ

①つながる力を価値付けて，振り返りに書き留め自覚を促す
②この時期こそ認め合い活動をし，トラブルを過去の思い出にする
③何事もなく過ごせているときこそ，力の発揮を価値付ける

3 　**手放す準備をどうする？**

（1）　「自律」を促す

　皆さんの学級は，先生が見ているときと，見ていないとき，子どもたちの様子は変わるでしょうか。変わるとしたら，どんな風に変わりますか。

　私は，どの学年を担任したときにも，目指していた自習の姿というのがあって，それは，「私がいないときほど，しっかりやる」という姿です。

　「私がいるときは，ちょっと甘える気持ちも分かるけれど，他の先生の授業のときは，迷惑かけないようにしてね。話をよく聞くんだよ。」

　「明日は私が出張だから，いつも以上に気を付けて過ごしてね。仲間と声を掛け合って，きまりを守らないといけないよ。先生がいないときに怪我をしたら，大変でしょう？　明日はすぐに助けに来られないんだから。」

と，こんな風に言っていました。求めているのは，

> 　先生がいない「のに」できる姿ではなく，
> 　先生がいない「から」きちんとしようとする姿

です。担任がいないときというのは，頼ったり甘えたりできる人がいないときですから，自分たちで力を出す必要があるはずです。

　ところが，実際に現場でよく見るのは「先生がいないと崩れる」姿です。なぜそうなってしまうのでしょうか。子どもにとって先生が監視役になって

いたら，それを変えないといけません。何かをやるのは（あるいは止めるのは）先生に怒られたくないから，という価値観でいる子どもは，見張っているときにしか，正しく行動できない子になってしまいます。これでは手放すどころではありません。

　ある中学校の校長先生が，こんなことを言っていたことがありました。中学校が荒れていた時代のことです。

　普段ルールを破ってばかりの不良たちが，放課後の体育館でバスケットボールを投げて遊んでいました。その校長先生はその子たちに近付き，「どうしたー？」と声を掛けました。家に帰らないと言って遊びをやめない中学生。そこで校長先生は「そうか，じゃあしばらく遊んだら帰るんだよ。おい，リーダー，戸締まりお前に任せたぞ。よろしく頼むな」と言って体育館を出ました。しばらくして再び体育館に行くと，体育館はしっかりと戸締まりされ，ボールも片付いていたそうです。

　校長先生は言いました。「注意したら体育館のガラスは割れていたかもな。リーダーと言って，任せれば，頼りにされれば，やるんだよ。」

　これは2年生も，同じです。禁止したことはやりたがりますが，「みんなならできるね」「みんなに任せたよ」と言ったら信頼に応えようとします。

　叱ってやめさせるよりも，事前に考えさせたり，行動の後に自分を振り返る時間を取ったりし，自分の行動を自分で決めることが大事です。

　また，成長に従い自由になる範囲を広げ，手綱を緩めます。押さえがないと弾けるのを防ぐポイントは，少しずつ緩めていくことです。間違っても，弾けないように押さえを強くしてはいけません。それは大きな反動の元です。

　先生が管理を緩めたときに弾ける子もいます。ですが，つながりを増やしてきた学級ならば，ここで先生が押さえなくても，周囲の子どもが抑止力として働きます。こうしたところに仲間の力は表れるのです。

春休み

4月

5〜7月

夏休み

9〜12月

冬休み

1〜3月

（2） 完全に任せる前に，見ている前で任せる

　年に何度かは，出張等で教室を自習にしなければいけませんが，自習はプリントやテストが多くなりませんか。低学年の子どもが45分間プリントをやって静かにしているのは忍耐が必要ですし，何よりつまらないです。

　そこで，私はできるだけ自分たちで学習を進めておくような課題を出していました。自習の時間には自習監督の先生がいらっしゃるのですが，児童管理だけお願いし，学習の進め方は子どもたちによく伝えておきました。

　例えば，
①粘土で好きな動物を大きく一つ作る。
②5分前になったら，粘土板をロッカーの上に並べて，飾る。
③手を洗って帰りの支度をする。

とか，
①「ふきのとう」の音読を4人グループで読み方の工夫を考える。
②分担して読みたい場合は，役割を相談して決める。
③グループごとに音読の練習をする。
④次の国語で岡田先生に発表する。

のような課題です。私がいない時間にも協力して学習を進めます。これなら，2年生にも進めることができます。
　うまくいく秘訣は，日頃先生が教室にいるときにも，子どもたちに任せてこの活動をやっておくことです。先生が見ている前での自習です。そうして自分たちで声を掛け合い進める練習をしておくと，いざ先生がいなくても，経験したやり方で，自分たちで学習を進めることができるようになります。

（3） 子どもの臨機応変さを受け入れる

　私のクラスの給食は，トイレに行って，マスクをして，手を洗って，全員が席に座った列から順に先生が「１列目どうぞ」と呼ぶという形をとっていました。

　順番に呼ぶのは，全員が一斉に配膳台に並ぶと，混んでこぼしてしまうことがあったり，早く給食を取りたくて走って行ったりすることがあったからです。子どもたちは呼ばれるまで，席に座って待っています。

　あるとき，私が出張で学校にいなかったため，別の先生が給食指導に入ってくださいました。すると先生が列を呼ばなかったため，子どもたちがしばらく給食を取りにいかずに座っていて驚いたと聞きました。その先生は子どもたちに，いつもどうやって配膳しているかを聞き，順番に呼んでくださったそうです。

　そして，その後また，私がいないことがありました。給食準備中に高学年の委員会児童に連絡することがあり，２年生の教室を離れていました。連絡を終えて，「ああ，みんな呼ばれるの待ってるだろうな」と思い，急いで自分の教室へ向かいました。

　すると，全員の配膳が終わっているのです。これは一体どうしたことでしょう。子どもだけで配膳するのは，危険もありルール違反です。
　「え？」と思いました。一瞬「勝手に…」とも思いました。
　すると子どもが言いました。

　「先生戻って来ないから，隣の○○先生を呼びに行きましたー。」
　「先生の代わりに日直が呼びましたー！」
　隣の先生を呼んだと聞きほっとしました。そして，隣のクラスの先生が，

春休み

4月

5〜7月

夏休み

9〜12月

冬休み

1〜3月

「子どもたちが先生のやり方で進めていましたよ」と教えてくれました。私は驚いて「ありがとう！　すごいね。みんなでそうしようって決めたの？」と聞くと，子どもたちは，なんだかんだ話しながら配膳することにした経緯を話してくれました。

「先生遅いね。」

「もう給食取りにいっちゃおうよ。」

「えー，だめだよ。」

「2組の先生に聞けばいいじゃん」

「そうだね。行く行く。」

「先生の代わりは日直がすればいいんじゃない。」

「先生の分も終わらせておこうよ。」

「先生びっくりするかな。」

きっとこんな感じかな，と想像ができました。

そして，そろそろ列を呼ぶのは，当番の仕事にしようかな，と思いました。子どもの行動が今までの範囲を超えてきたとき，システムを見直す時期です。子どもの力は4月と大きく変わっているからです。子どもを1年間同じ枠の中に入れておく必要はないのです。

（4）　愛をもって叱る

ここまで，子どもたちとつながること，子どもをつなぐこと，認めること，理解し合うこと，争わずに話し合うことなど，仲間とのつながり方について書いてきました。

それを読むと，教師はいつも笑顔で子どもたちと接し，トラブルが起きても怒ったりせずに話合いで解決しないといけない，と受け取られそうですが，それは違います。私は

> 人や自分を傷つけるときは本気で叱る

といつも子どもに伝えています。

　怒鳴るということではありません。その行為は絶対に許されないことだと真剣に伝えるという意味です。危険な行為を止めるときは，話し合っている暇などありません。

　ただし，厳しい口調のときも，その子どもを大切に思う気持ちを全力で伝えながら叱ります。わが子が転がったボールを追いかけて道路に飛び出しそうなとき，親なら本気で怒鳴ってでも止めるでしょう。それと同じです。

　言うことを聞かない子どもを怒鳴るのは間違いだと思いますが，子どもを思って叱ることはあっていいと思います。子どもはいつだって自分を見て欲しいのです。きちんと，向き合って欲しいのです。

　自分のことを真剣に考えてもらえたら，自分は大切な存在なのだと感じるでしょう。子どもたちに真剣に向き合う先生の姿を見ていたら，周りの仲間も自分と同じように大切な存在なのだと感じると思います。

　「ほめる」「認める」「聞く」「叱る」子どもへのアプローチは一つではありません。時と場合により，正解がこれだとここで言うこともできません。ただ，どうつながるにせよ，子どもたちを大切に思う気持ちで向き合うことだけは，忘れてはいけないと思います。

　必ず手放す子どもたちに残せるのは，「先生は自分を大切にしてくれた」「真剣に向き合ってくれた」という大切にされた経験ではないでしょうか。

まとめ

①叱るより考えさせ「自律」を促そう

②本気で向き合う姿勢を見せ，自分は大切な存在だと気付かせよう

春休み

4月

5〜7月

夏休み

9〜12月

冬休み

1〜3月

4　学級じまいをどうする？

（1）　リフレーミングを促す

　残り１週間で２年生も終了という時期になったら，学級の締めくくりをし始めます。２年生の子どもたちにとっては，２年生から３年生になる生活が大きく変わるイメージはつきにくく，「もうすぐ２年生が終わって春休み」くらいの感覚だと思います。そこで，

> 学級じまいは教師主導で

取り掛かります。

　今まで子どもに任せることを増やしてきたのに，なぜ学級じまいは教師主導で進めるのか。これには私なりの理由があります。それは，

> ・時間が限られているから
> ・子どものマイナスな見方をプラスに転じて送り出したいから

です。
　一つ目は，納得できると思います。二つ目は，どういうことかというと，子どもたちの中に「嫌だったな」「嫌いだな」ということがあったとき，自分の力でその印象を書き換えるのは難しいものです。だから，教師がリードして，印象を書き換える手助けをするのです。
　「今思えばそういうことか」「過ぎてみればよかったな」というように，今年の出来事を思い出にしていくのです。

どのように子どもの捉え方を変えるかというと，認知能力の獲得から非認知能力の獲得に視点を変えていくのです。

分かりやすく言うと，マラソンのタイムに目が向いていた子どもが，粘り強く走ったことに目を向ける手助けをするということです。

認知能力	マラソンは嫌いな行事。今年もタイムが遅かった。

非認知能力	でも，最後まで走った。あのねばり強さがあれば，3年生になってもきっといろんなことにチャレンジできそうだ。

私はそのために，1年間の主な行事や学習中の写真を掲示します。そこには伸ばしたであろう非認知能力についてコメントを添えます。

ねばり強く走ったマラソン
気持ちが強くなったね。みんな
3年生でもがんばれるぞ！

力を合わせて回数を増やしたね。
がんばる気持ち，やさしい気持
ちなかまの力がアップしたね。

言葉でも伝えます。「1年間，たくさんの心の力を付けて，できることを増やしてきたね。苦しいことや，嫌だなと思ったこともあったかもしれないけど，そのたびに成長したんだよ。そんなみんなはかっこよかったよ。」

先生の示すその価値観は，苦しいこと，負けたこと，悔しいことがあった子どもの視点を変え，未来への勇気となるのです。

（2）　つながった人へ感謝を伝える

　2年生は，身近な地域や自分にかかわる人々とつながる学習が多いので，1年間に多くの方にお世話になります。そのつながりを，その学習のときだけで終わらせては，もったいないです。

　サツマイモの植え方を教えにきてくれた農家の方に，教えてもらっただけではつながったとは言えません。やはり，お世話になった方に感謝の気持ちを伝え，2年生の成長を伝えたいと思います。そのように，最後にお礼を伝えることも，人とのつながり方の学びとなります。

　活動に対するお礼の手紙などは，その時期に渡しているかもしれないので，書かせたいのは「○○を教えてくれてありがとう」だけのメッセージではありません。「その活動でかかわった後に，どんな風に自分が成長したのか」ということを書けるように例を示します。

　○○さん，春にサツマイモの植え方を教えてくれてありがとうございました。○○さんのおかげで，大きなサツマイモができてうれしかったです。みんなでサツマイモパーティーができて楽しかったです。
　わたしは，自分で野菜をつくって，つくるのは大変だと思いました。
　だから，これからもっとおいしくたくさんたべようと思います。

2年1組　○○　○○

「やってみて，どう思ったの？」「教えてもらって，何ができたの？」など聞いていくと書きやすいです。
　こうして，他者にしてもらって自分ができたこと，分かったことを書くことで，人とつながる価値に気付いていくことができます。「つながったからできた」という気持ちは，つながる意欲を高めます。

（3） 次へのエネルギーを高める

　いよいよ学級じまいです。子どもたちには胸を張って羽ばたいて欲しいです。３年生に向けての意欲を高めるには，２年生でできた自信を基に，３年生になったらこれがしたい！やってみたい！と期待を抱くことです。一つ活動を例に挙げます。「２－１すごいよビンゴ」です。

だれでも話す	仲良く遊ぶ	あいさつする
話をよくきく	字がきれい	やさしい
そうじ		

①先生は思いつく限りの子どもたちの成長をカードに書き出しておく
②子どもは３マス×３マスのビンゴシートに自分の成長を考え書く
③先生の引いたカードと同じことが書いてあったらマスに○をつける
④あとは通常のビンゴと同じ流れ

　ゲームの最後には，言葉を贈ります。
　「たくさんの成長が出てきましたね。それは全部みんなのことです。先生はみんなをすごいと思っているし，担任ですごく幸せでした。来年は，こんなすごいみんなが３年生になって，活躍するのを見るのがとっても楽しみです。いつも応援しているよ！」
　精一杯この１年間の成長を称え，もう次へ進んで大丈夫と信頼を寄せるのです。自分たちを誇らしく思う気持ちは，次へのエネルギーとなるはずです。

> **まとめ**
> ①苦い思い出も，非認知能力の成長に目を向けてプラスに意味づける
> ②つながるよさを感じさせ，つながる意欲を引き出す
> ③３年生になったら，力を発揮しようと未来に期待を抱かせる

春休み
4月
5〜7月
夏休み
9〜12月
冬休み
1〜3月

あとがき

　『学級経営365日　困った時の突破術　高学年編』を書いてから4年が経ちました。その間に日本中の学校が新型コロナウイルス感染症の影響で一斉休校になり，リモートでの授業やオンライン会議など，教育界でもデジタル化が急速に進みました。

　そのような4年を経て今回「つながる力の育成」をテーマに本書を執筆する機会をいただいたのは，願ってもないことでした。日々，近年の子どもたちのつながり方に課題と危機感を感じていたからです。

　「4年前とは時代が違う」そんな思いもあってか，以前の自分の文章を読み返すことなく今回の2年生編を書き進めました。そして，2年生編を書き終えた後，ふと4年前の自分の文章を読み返したときのことです。驚いたことに，4年前の高学年編と今回の2年生編，学習内容も活動も違っているにもかかわらず，「結果より過程」「行動の価値付け」「条件は先出し」「未来へのエネルギーを高める」など，同じキーワードが随所に出てくるのです。

　自分で驚きつつも，「自分の信念はここにあったのだ」と再認識する出来事でした。

　私は特別な特技など何も持ち合わせていない教師ですが，もし仮にうまくいく理由が自分の中にあるとすれば，その信念をもって子どもと向き合い続けたことではないかと思います。向き合い続けていく中で，子どもの心が開かれ，本当の意味で，いい結果につながる事例をいくつも経験させてもらいました。今だけ自分の指示に従う子を育てるならば力で押さえれば可能です。しかし，心の成長は心のつながりなしには成し得ません。

その事例の数々は，本書の中で紹介させてもらいました。同時に，初任者の頃の失敗談や悩んだことも多く書かせてもらいました。何も分からなかった私がどうやって，本書のような場所で教師の皆さんにお伝えする立場になったのかを知って欲しかったからです。

　私の成長は，私の周りの方々の存在なしには語れません。私が憧れてその動きを真似し目指していた先生，温かく励ましてくれた先生，言葉でなく実践で教えてくださった先生，失敗しても最後まで寄り添ってくださった先生。そしていつも一緒に楽しく厳しく仕事をする同僚たち，その皆さんがいたから教師として成長することができました。人に恵まれてここまで楽しみながら努力をしてこられたことを本当に感謝しています。

　近年，社会情勢が変わる中で，教育環境や子どもを取り巻く環境も大きく変わり，教室で起こる問題は多様化しています。簡単には解決しない課題に日々立ち向かっている先生方が全国にたくさんいらっしゃることと思います。

　変化が起こらないうちは，仕事が辛くなることもあるかもしれません。けれど本書を手に取った先生方は，間違いなく変化を起こそうとしている先生方です。実践を続けると，必ず変化は起きます。感動する出来事や，子どもが奇跡を起こす瞬間に出合います。

　多くの教室でそんな変化が起きて欲しい，たくさんの先生方に幸せな奇跡を体験して欲しい。そんな思いで自分の体験を書きました。読んでくださった先生方の学級で，つながりの中で成長する子どもを育てるヒントになれば幸いです。

　執筆にあたりご協力いただいた明治図書の及川さん，ご指導いただいた上越教育大学教職大学院の赤坂真二先生，シリーズでご一緒させていただいた執筆陣の先生方には，多くの支えをいただきました。心より感謝を申し上げます。幸福感はいつもつながりの中に。

岡田順子

【著者紹介】

赤坂 真二（あかさか しんじ）

1965年新潟県生まれ。上越教育大学教職大学院教授。学校心理士。ガイダンスカウンセラー・スーパーバイザー。日本学級経営学会（JACM）共同代表理事。19年間の小学校勤務では，アドラー心理学的アプローチの学級経営に取り組み，子どものやる気と自信を高める学級づくりについて実証的な研究を進めてきた。2008年4月から，これから現場に立つ若手教師の育成，主に小中学校現職教師の再教育にかかわりながら，講演や執筆を行う。

［著書］

『個別最適な学び×協働的な学びを実現する学級経営』（明治図書，2022年）

『指導力のある学級担任がやっているたったひとつのこと』（明治図書，2023年）　他多数

岡田 順子（おかだ じゅんこ）

1975年新潟県生まれ。上越教育大学教職大学院修了。新潟県公立小学校教諭を経て，2019年度から2022年度まで新潟大学教育学部附属長岡小学校に勤務。現在は授業と生徒指導の一体化を目指し研究を進めながら，学校経営に携わっている。

［著書］

『クラスを最高の笑顔にする！学級経営365日　困った時の突破術　高学年編』（明治図書，2020年）

人間関係形成能力を育てる
学級経営365日ガイドブック　2年

2024年3月初版第1刷刊　©著　者　赤　坂　真　二
　　　　　　　　　　　　　　　　岡　田　順　子
　　　　　　　　発行者　藤　原　光　政
　　　　　　　　発行所　明治図書出版株式会社
　　　　　　　　　　　　http://www.meijitosho.co.jp
　　　　　　　　（企画）及川　誠（校正）関沼幸枝
　　　　　　　　〒114-0023　東京都北区滝野川7-46-1
　　　　　　　　振替00160-5-151318　電話03(5907)6703
　　　　　　　　　　ご注文窓口　電話03(5907)6668
＊検印省略　　　　組版所　長野印刷商工株式会社

Printed in Japan　　　　　　　ISBN978-4-18-372221-8

もれなくクーポンがもらえる！読者アンケートはこちらから

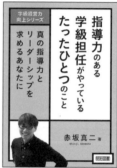